韓国ドラマみたいな「引き寄せ」しよう！

韓国ドラマ翻訳家
引き寄せ超実践者
舟見恵香

サンマーク出版

Prologue

韓国ドラマみたいな最高な人生を「引き寄せ」しよう!

◎

エンタメだけじゃない!
現実を変える魔法のアイテム

韓国ドラマみたいな、
魔法のように
夢がかなう人生になったらなあ。

そう考えたことはありませんか?

おしゃれでドキドキするロマンス。

ハラハラするサスペンス。

重厚だけど新鮮な歴史もの……。

「さすがに、これはないでしょ!?」

と言いつつも、のめり込んでしまう展開。


恋するふたりが意外なところで再会。

思わぬきっかけから主人公の願いが奇跡的にかなう。

絶体絶命のピンチから大逆転……。

「こんなラッキーなことがあるわけない!」

と思いながらも、いつの間にか夢中。


ついつい、夜ふかしして最終話まで観《み》てしまう……。

韓国ドラマ（以下、韓ドラ）には、そんな魅力がありますよね。

このようにほとんどの人は、韓ドラを純粋にエンタメとして楽しんでいることでしょう。

ストーリーに没頭し、スタイリッシュな俳優にうっとりし、美しい映像や音楽にひたる時間は、韓ドラファンには至福のとき。

でも、韓ドラをエンタメとして観るだけではもったいない！

せっかくなら、

韓ドラを現実変換の〝魔法のアイテム〟にしませんか？

韓ドラからは、たくさんのことが学べます。

それを日常に生かしていけば、毎日がドラマのように変わります！

「こんなこと、ある!?」と驚くような、奇想天外な出来事が起こりはじめます。

「冬のソナタ」から「愛の不時着」まで翻訳してきたからわかること

「まさか」と思うでしょうか。

でも私自身、韓ドラから引き寄せの秘訣《ひけつ》を学び、それを日常に生かすうちに、さまざまなものを引き寄せてきました。


たとえば……。

韓国のハワイといわれる済州島《チェジュとう》で、**理想の一軒家と望み通りのインテリア。**

毎週末、夫や子どもと最高に美しい山や海を満喫しながら、**時間に追われることなく仕事をするライフスタイル。**

韓国に住みながら、**好きなときに日本や海外で仕事できる働き方。**

一緒に目標をかなえていく**仲間。**

仕事で協力し合える**翻訳業の教え子たち。**

さらに生まれもっていた感性が目覚めて、**宇宙からのメッセージを受け取るようになり、コンサルティングやセミナーもおこなっています。**

自分がこんなにパワフルに生きられるなんて、ほんの数年前までは予想もしていませんでした。

自己紹介がわりに、ここに至るまでのいきさつを簡単にお話しさせてください。

何を隠そう、私もその魅力にどっぷりハマった韓ドラファンのひとり。

韓ドラが好きすぎて、20年以上前に吹き替えや、字幕の翻訳の仕事を始め、**「冬のソナタ」から「愛の不時着」まで、約2000話を手掛けてきました。**

テレビ放送用ドラマの他、映画も多数担当。

第一次韓流ブームから、Netflixなどの動画配信サービスで火がついた第四次韓流ブームに至る変遷のすべてを見てきたことになります。

そんな私が、韓ドラを観ながらする引き寄せを語る本……。

「翻訳家なのに、なぜ『引き寄せ』!?」

と、思うかもしれませんね。

私自身、韓ドラからたくさんのことを学び、それを日常に生かすうちに、さまざまなものを「引き寄せ」てきたのです。

ところが、翻訳を始めて10年が過ぎた頃からスランプに。

育児のストレスも重なってうつ状態になってしまいました。

紆余《うよ》曲折を経て、済州島に家族と落ち着いたものの、翻訳の仕事はやめようと考えましたが……

「やめる前に、いま一番トレンドのNetflixの仕事をしたい！ それも有名作品がいい！」

と願ったのです。

すると、**世界を席巻《せっけん》したドラマ「愛の不時着」の仕事が舞い込んだのです。**

それをきっかけに、翻訳業を本格的に再開。

いまは後進の育成にもあたって、自分の好きなペースで仕事をしています。

「なんとなく退屈だ」「毎日がつまらない」と思っている人こそチャンス

いま、私は翻訳だけでなく、現実創造のコンサルティングやセミナーも手掛けています。

じつは、うつ状態を解決するためにセラピーを受けるうちに、スピリチュアルな能力が開花したのです。

それまではスピリチュアルなことが苦手でした。

でも、にっちもさっちもいかなくなってセラピーを受けたら、**生まれもってい**

た感性が目覚め、宇宙とつながってしまったのです。

すると、どんどん元気になって時間にも余裕ができ、エネルギーのしくみに従って行動したら、次々に願いがかなっていったというわけです。

そして、願いをかなえるプロセスの中で、韓ドラがいつも大きな役目を果たしてくれました。

韓ドラなしでは、いまの現実は手にできなかったといってもいいでしょう。

宇宙から教わったこの世のしくみや韓ドラで引き寄せをする方法を、オンラインコミュニティのメンバーにシェアしたところ、大きな反響がありました。

「『何かが違う』と思っていた日常から抜け出し、いままでに感じたことのない喜びを感じられるようになった」という声がたくさん届きました。

じつは私自身、韓ドラ翻訳家の草分け的な存在としてキャリアを積んできたし、家族にも恵まれていたにもかかわらず、**心の奥では「このままでいいのかな」「何かが違う」と、ずっと思ってきました。**

そんな私に、

もっと自由に
望みをかなえながら生きられるんだ！

と教えてくれたのが、韓ドラだったのです。
もしあなたが、以前の私のように、いまの人生になんとなく違和感を覚えているとしたら、

「そこそこの世界で満足したいの？」

と自分に聞いてみましょう。
本当は皆、予想もしない奇跡が立てつづけに起きるような、**「もう、最高！」と叫べる世界が目の前に現れることを望んでいるはずだから。**

皆さんが、韓ドラを観ながらそんな毎日を手に入れるための方法を書いたのが、この本です。

だから、「そこそこの人生でいいかな」という人は、この本は必要ないかもしれません。

でも、「このくらいでいいか」という現実から抜け出して、「もう、最高！」の世界を手に入れたい人には、きっとこの本がお役に立てます。

この本を読んで実践すれば、いろいろな思考で複雑だった頭がスッキリして、**つねに「自分が何を感じているか」にフォーカスできるようになります。**

その感覚を大切にしていけば、必ず望んだ以上の世界へたどり着けるでしょう。

特に、もしあなたが「なんとなく退屈だ」「毎日がつまらない」と思っていたら、チャンス！

それは、エネルギーが有り余っている証拠です。

その有り余っているエネルギーを現実創造のために使えば、ときめくことがどんどん起こる日々になります。

そんな最高の毎日を手に入れたいですか？
さっそく、その方法を韓ドラから学んでいきましょう！

舟見恵香

＊この本では、できる限りネタバレしないように配慮していますが、セリフに込められた意味を解説するために、ストーリーの一部を紹介していることをご了承ください。またセリフ内の強調は、この本の主旨にあわせ編集により行っています。

韓国ドラマみたいな「引き寄せ」しよう！

目次

Prologue

韓国ドラマみたいな最高な人生を「引き寄せ」しよう！

1 面白いだけじゃない！ 韓国ドラマで「引き寄せ」できる理由

2 韓ドラのセリフから学ぶ！ 引き寄せ体質を作る 8つのステップ

3 こんなふうに韓国ドラマを観れば次々と願いはかないはじめる！

4 もっと上手に引き寄せするための実践術

Epilogue

人生はあなたが主役の最高のドラマ!

ブックデザイン　喜來詩織（エントツ）
イラスト　坂本彩
ＤＴＰ　アルファヴィル
編集協力　株式会社ぷれす
企画協力　江藤ちふみ
　　　　　ブックオリティ
編集　金子尚美（サンマーク出版）

1

面白いだけじゃない！
韓国ドラマで
「引き寄せ」できる理由

「こんなことある!?」があなたの制限をパカッと外す

夢中で一気観《み》！　休日を潰してしまい**「時間を無駄にした」と大後悔。**
観終わったあと、**自分の生活とギャップを感じてがっかり。**
恋人思いの純粋な登場人物と、**自分のパートナーを比べてモヤモヤ。**
韓ドラに夢中になるあまり、こんな経験をしたことはありませんか？
「ある、ある！」と答えたあなた。
これからは大丈夫！
罪悪感などもたずに、思いっ切り韓ドラを楽しみましょう。
なぜなら……

韓ドラには、現実創造のヒントと望む未来を作るためのアイテムがあるのです。

「韓ドラってたしかに面白いけど、フィクションでしょう?」

「そんなことできるの!?」

こう思うかもしれませんね。

でも、〝フィクションだからこそ〟いいのです。

韓ドラの設定には、非現実的なものが多くあります。

たとえば……。

韓国の財閥令嬢と北朝鮮のエリート将校の恋を描いた**「愛の不時着」**。正体を隠し地球で生きる宇宙人とトップ女優の恋愛物語**「星から来たあなた」**。

あるいは、命をかけたサバイバルゲームを描く**「イカゲーム」**。ゾンビウイルス蔓延《まんえん》で学校に閉じ込められた高校生たちが奮闘する**「今、私たちの学校は…」**。また、人魚と天才詐欺師の恋物語**「青い海の伝説」**。財閥御曹司とスタントウーマンとの魂の入れ替わりを描く**「シークレット・ガーデン」**……。

現実とかけ離れた設定のドラマを挙げはじめたらキリがありません。

しかもストーリー展開もドラマティック。歴史ものやヒューマンドラマでさえ、

「こんなこと、ある⁉」という展開のオンパレード。

私たち日本人の常識を大きく超えています。

だから、韓ドラを観ていると、

「もっと自由に生きていいかも」

「もしかしたら、私にも奇跡が起きるかも！」

「星から来たあなた」：隠れて約400年間ソウルで暮らす宇宙人ト・ミンジュンのマンションの隣室に人気トップ女優のチョン・ソンイが引っ越してくる！ すべてが「こんなことある!?」（笑）。

と、それまでの制限がパカッと外れるのです。

引き寄せできない原因は潜在意識にあった

じつは、自分では懸命に願っているのにかなわないのには理由があります。

それは、**潜在意識の中で自分に制限をかけていたり、過去の思い込みが存在したりするから。**

その制限を外すと、とたんに願いがかないやすくなります。

そして、そのために韓ドラは、まさに〝うってつけ〟。

SFファンタジーや転生ドラマ、時代劇、財閥もの……。

韓ドラにはさまざまなジャンルがありますが、**あの世や宇宙など「見えない世界」を意識できるドラマの多さは、日本の比ではありません。**

恋愛ものやコメディでも、スピリチュアルな世界を違和感なく描いています。

制作者側が、本気で前世や魂の存在を信じていることが伝わってきます。

そんな韓ドラを観ていたら、自然に潜在意識が書き換わります。

「奇跡が起きて当たり前」の世界に生きられるようになっていきます。

なぜ、韓国ドラマはこんなにも感情移入させるのか？

同時に、韓ドラは「感情」を大きく動かしてくれます。
非現実的な設定とはいいながらも、脚本は緻密。
おまけに、シーンごとの作り込みが丁寧。
役者さんの演技も真に迫っている。
それで、**日常ではあり得ない展開でもつい感情移入してしまう。**
すると、

ギュッと凝り固まっていた感情が動きます。

心に変化が起きはじめます。

さらに、世界進出を見据えた韓ドラ制作者たちは、**現実にとらわれず既成概念を超えた世界を描くことを好みます。**

そして、役柄に関係なく、**主体的に行動する人物を描き出すのが得意。**

そんな登場人物たちを観ていると心が動かされるし、パワーを受け取れます。

それだけでなく、自分の生き方を見直す機会にも。

引き寄せに大切なのは、「主人公」として生きる意識。

韓ドラからは、人生の主人公として生きるためのモチベーションもたっぷりもらえます。

そうやってさまざまな刺激を得ながら、心の変化をうまくキャッチして育てれば、韓ドラが現実創造と自己変革のきっかけの宝庫に！

あなたの常識をぶち壊して
くれる登場人物たち

韓ドラが潜在意識を書き換える理由は、それだけではありません。

私たちの常識を
いとも簡単にぶち壊してきます。

ちょっとした生活習慣から人に対する言葉遣いまで、韓国の価値観やコミュニケーションは、日本とは大きく違います。

そもそも、韓ドラの登場人物そのものが常識外れ。

たとえば、**「ウ・ヨンウ弁護士は天才肌」**の主人公、自閉スペクトラム症のある弁護士ウ・ヨンウ。

「ヴィンチェンツォ」の残酷だけど自分なりの美学を貫くダークヒーロー、ヴィンチェンツォ。

あるいは、**「サイコだけど大丈夫」**のサイコ気質で恋愛ベタな人気絵本作家コ・ムニョンや、**「キルミー・ヒールミー」**の7人の多重人格をもつ財閥の御曹司チャ・ドヒョンなどなど。

個性豊かな登場人物が魅力的で、

「何だってあり！」

「それで、いいのかも！」

「サイコだけど大丈夫」：愛を知らない人気絵本作家のコ・ムニョン。美しいけど言動が凶暴！

と思えてきます。

常識外れの登場人物1
「はっきりと自分の意見を主張する」

なかでも韓ドラでよく見かけるのが、**年齢問わず自分の意見をどんどん主張する女性たち。**

たとえば、弁護士のロマンスと復讐《ふくしゅう》を描いた**「なぜ、オ・スジェなのか？」**の主人公のオ・スジェ。朝ご飯を用意してもらったのに、

「いらない」とはっきり断ります。

普通であれば、「せっかく、作ってもらったのだから食べよう」と思いがち。

でも、自分の意思をきっぱり伝える姿は彼女の生き方を表していて、違和感がありません。

少しでも気になることがあれば、けっしてそのままにせず「なぜ?」と尋ねる。

相手と意見が違っても臆したりせず、「私はこう思う」と主張する。

そんな女性たちは、観ていて爽快です。

常識外れの登場人物2 「自分の『欲しい』に忠実」

自分の「欲しい」に忠実なのも、登場人物たちの大きな特徴です。

たとえば、恋愛コーチの挫折と恋をコミカルに描いた**「ボラ!デボラ」**。ヒロインの友人は、欲しいブランドのバッグを買いたい一心で、夫との記念日を無理やり作って、自分で自分にそのバッグをプレゼントします。

受験を成功させたいあまり、エリート家庭の人々が人生の泥沼にハマってしまう**「SKYキャッスル」**や起業の夢をかなえるために奮闘する若者たちを描いた**「スタートアップ：夢の扉」**など、ドラマのテイストや結末はさまざま。

でも、どんなストーリーであれ、人目を気にせず、まっすぐ自分の夢や欲望に向き合う姿は観ていてスッキリ。

主人公たちは、「何が好きか」「自分がどうしたいか」がはっきりしています。**そんな彼ら、彼女らを観ていると、「人に合わせようとしている自分」や「常識や思考にとらわれている自分」に気づけます。**

「同調圧力」という言葉があるように、ふだんの私たちは、何かと人目を気にして空気を読みがち。でも本来は、

自分の欲や夢に向かって

どんどん突き進んでいいのです。

彼ら、彼女らからは、そんな勇気をもらえます。

常識外れの登場人物3「ドロドロした感情も否定しない」

韓ドラには、「そこまでしなくても」と思ってしまう復讐劇や愛憎劇もたくさんあります。

たとえば、自分をいじめた高校の同級生に命がけで復讐していく**「ザ・グローリー」**や、3組の夫婦の不倫と離婚を描いた**「結婚作詞 離婚作曲」**。

時には、大声で相手を罵倒したり、自分の欲望のために人を平気で裏切ったりする彼ら、彼女ら。

気持ちいいくらい感情むき出し！

彼らは、どんなに激しい怒りも、見苦しい嫉妬やねたみも、取りつくろったり押し殺したりしません。

悲しかったら、思い切り泣きます。

悔しければ、これでもかというほど悔しがります。

たとえ、人から見たら醜い感情であってもフタをしません。

心のままに行動する。

これも、「人の気持ちを慮《おもんぱか》りなさい」「調和が大切」と言われて育った私たちには新鮮です。

常識外れの登場人物4「ダメ息子や情けない男性が多い」

うっとりする素敵男子や、性格が天使すぎる男子もたくさん出てくるけれど、それと同じくらいの割合で登場するのが、

とんでもない「クズ男」（笑）。

「クズ男」と言ってしまうと、ちょっと言葉がきつい気もするけれど、そう表現するしかない、しかし愛すべき男たち。

韓ドラにはよく登場しますよね。

韓ドラ好きなら誰でも、「そうそう、あのドラマの彼がそうだった！」と、ひとりやふたりすぐ思い浮かぶのではないでしょうか。

たとえば、**「夫婦の世界」**は、若い女性と浮気した夫が年上の妻に盛大に復讐される話。

そのクズっぷりにあきれながらも、なぜか憎めない。

もちろん、不倫を推奨するわけではないけれど、どこかしら人間味がある。

そんな姿を観ていると、

「クズでも、ダメでも人間には何かしらの魅力がある」とおおらかな気持ちになります。

また、自分自身のダメな部分も否定せず、もっと出していってもいいのかなと肩の力が抜けてきます。

常識外れの登場人物5
「最後まで、とことんやり抜く」

どんなに苦しい状況でも、やると決めたら最後まで泥くさくがんばり抜くのも、韓ドラの登場人物ならでは。

たとえば、**「私の夫と結婚して」**のヒロイン、カン・ジウォンは、夫に殺されてしまいますが、偶然にも過去に戻って生き返り、そこから運命を変えようと、性格までガラッと変えて努力します。

また、大手製パン会社のお家騒動がテーマの**「製パン王キム・タック」**では、会長の隠し子であるタックが、異母兄弟の嫌がらせにも負けず、困難に立ち向かっていく姿に元気をもらえます。

私たちは、つい「ガツガツするのはカッコ悪い」「失敗したら恥ずかしい」などと、チャレンジしたりがんばったりすることを避けがち。

でも、ガツガツしたっていい。

本当は、夢をかなえる力をもっているのに、**「どうせダメに決まっている」と、その力を発揮しないまま終わってしまったら、本当にもったいない！**

韓ドラの登場人物たちは、挑戦する前から、あきらめかけている自分に気づかせてくれます。

世界はシンクロニシティに満ちている！

韓ドラの醍醐味《だいごみ》は、なんといってもシンクロニシティに満ちたストーリー運び。

普通は、あり得ないような偶然がたくさん！

「イルタ・スキャンダル」は、人気数学講師のチェ・チヨルと、生徒の母親ナム・ヘンソンとの恋が軸になるドラマ。なんと、ヘンソンは偶然にもチヨルの恩人の娘でした。

また、デパート業界の女王ホン・ヘインと結婚したペク・ヒョヌを描いた**「涙の女王」**では、ヘインが子どもの頃に惹《ひ》かれていたのに転校していった男の子が、じつはヒョヌでした。

他にも、自分の大切な人を殺した相手が身近な人だったり、憎い人は好きな人の親だったり、運命の人が、じつは生き別れたきょうだいだったり。

あるいは、会うはずのないタイミングで偶然再会したり、思いがけず人の秘密を知ってしまったり。

とにかく、シンクロニシティが日常茶飯事。

シンクロニシティとは、「意味ある偶然」のこと。

そんな偶然が起こるのは「当たり前」。

だから、私の日常にすごいシンクロニシティが起きてもおかしくない……。

そう思いはじめたら、引き寄せの準備は着々と進んでいるのです。

これでうまくいく！ 引き寄せの6ステップ

制限をパカッと外し、潜在意識を書き換える可能性に満ちた韓ドラ。
ここでは、そもそも「引き寄せ」のしくみとポイントを解説します。
全体の流れを簡単にお話しすると、次のように6つのステップになります。

引き寄せの6ステップ

1 自分の本音に気づいて願いを放つ

現実を変えるには、最初に願いを放っておくことが何より大切。かなえたい願いは何か。自分はどうしたいのかを言語化し、その願いを宇宙に放ちます。かなえるのに時間がかかる願いでも、すぐにかなう願いでもかまいません。放つときかなった状態をイメージし、そのときのエネルギーを感じるとよりよいでしょう。

2 感情を動かし、日常でもいい気分でいることを続ける

その願いをかなえるには、「かなった状態」と同じエネルギー（周波数）を発信する必要があります。日常生活の中でいい気分でいつづけて、喜びや幸福と同じエネルギーを出しつづけます。

3 「これをやりたい」というひらめきや願いが湧いてくるので素直に実行する

いい気分でいると、エネルギーが広がる感覚があり、願いをかなえるためのインスピレーションがやってきます。そのひらめきを実行に移しましょう。

4 抵抗や怖《おそ》れが出てきて行動できなくなるときがくるが、それでもリラックスしたり好きなことをしたりしてエネルギーを上げることを続ける

ひらめきを行動に移そうとすると、怖さやストレスを感じる場合があります。それが抵抗です。「人に笑われるかもしれない」「忙しいのに、新しいことなんてできない」など、ためらいや迷いが湧いてきたら「やっぱり私なんか」「また今度でいいか」と思わず、「やりたい」という気持ちに従うことが大切。つねに、リラックスしたり、いい気分でいたりして自分の状態を整えましょう。

5 やりたいと思うことが再び出てくるので行動していくと、うれしい出来事やシンクロニシティが起こりはじめる

勇気をもって実行してみると、「やってよかった」と思える満足感や「私でもできるんだ」という自己肯定感が生まれます。現実でもうれしい知らせがきたり、思わぬシンクロニシティが起きたりしはじめます。

6 2から5のサイクルを繰り返すうちに、1の願いがかなっている(小さな願いならすぐかないはじめる)

いい気分でひらめきを行動に移していると、さらにやりたいことや「こうする

ともっといいかも」といったアイデアが生まれてきます。それを実践していくと、どんどん状況が変わり、いつの間にか**1**の願いがかなっています。放った願いが大きなものだと時間がかかる場合もありますが、日常でシンクロニシティやラッキーな出来事が増えて、小さな願いはすぐかなうように。「毎日がミラクルで幸せ」という状況が訪れます。

どうでしょう。なんとなく全体の流れをイメージできましたか？　後ほど一つひとつ解説しますが、特に、次の3つを意識していただくのがポイントです。

◎自分の感情や体感を意識して、いい気分でいつづける
◎「いま、どうしたい？」とつねに問いかける
◎落ち込んでいるときやネガティブなときは、まずそれに気づくこと。一気に変えられなくても少しでも意識をいい方向に変える訓練をする

くわしい方法は3の章でお話ししますが、1、2、4は韓ドラがサポートになります。

引き寄せの流れに乗ると、何が起こるのか？

引き寄せの流れに乗ると、どんなことが起きるのか。

私の例をお話ししましょう。

私はいまからほんの数年前まで、毎日、仕事と育児に追われているひきこもりの翻訳者でした。

韓ドラを楽しみつつ、いろいろなものを引き寄せてきたものの、翻訳が私の本業。スピリチュアルな能力を仕事にしようとは、思ってもいなかったのです。

でも、**ある日「これまで宇宙が私に教えてくれた法則を伝えたい」とインスピレーションが湧いてきました。**

当然、「アヤしいと思われないかな!?」「知り合いが見たらどうしよう」などと怖れや不安も浮かんできます。

でも、**韓ドラを観ながらエネルギーを整え、SNSで発信しはじめてみると、たくさんの方に見ていただけるように。**

その後、オンラインでのコンサルティングや講座開催、日本でのセミナーや済州島ツアー開催など、ものすごいスピードで活動が広がっていったのです。

いま、家にいるときは家族との時間を楽しみながら自分のペースで仕事し、海外にもひんぱんに足を運んでいます。

以前は、疲れていてもがんばらなければと無理をしていましたが、いまでは自分の状態を見ながら、こまめに休みつつ、いいエネルギーをキープできるようになりました。

この6ステップを試しにクライアントさんや友人たちにも、伝えてみました。

すると、本当の願いに気づいて生き方がガラッと変わったり、奇跡のようなシンクロニシティを体験したりする人が続出。

人間関係や経済状況が改善したという声もたくさん届きました。

その中のひとりが、こんなことを言っていました。

「韓ドラ好きだけど、ドラマみたいなことは実際にあり得ないって思っていた」

でも、その友人はいま、こう言っています。

「魔法のようなことが起きる日常を手に入れた!」

「時には、思うようにいかないこともあるけれど、どんなときでも自分のエネルギーを高くキープできる方法がわかっているの。だから、最終的に魔法だと感じるような出来事が起きるの」と。

あなたもぜひ、大好きな韓ドラを観ながら、心からの願いをかなえていきましょう！

願いの現実化までのエネルギーの動きとは？

そもそも、６つのステップでなぜ引き寄せが起きるのでしょう。現実化までのエネルギーの動きを、解説していきましょう。

願いを決めるとオーラに「種」が生まれる

自分の願いに気づいて、その願いがかなうよう望むと、エネルギーの焦点が定まります。**「○○する」と決めたとたん、その決意（願い）が現実化へのエネルギーの「種」となって自分のオーラに入るのです。**

次に、おなか（丹田）から創造のエネルギーが出ます。

この創造エネルギーが「種」を育て、その後、願った現象を物質世界で引き寄せます。これが、「現実化」です。

このとき、「〇〇したいな」「〇〇できるかな」とあいまいな状態で願っていると、永遠に現実化できません。

引き寄せはまず、焦点をきちんと定めることで始まります。

「種」にエネルギーを注ぐと「渦」になる

オーラの中に生まれた「種」にエネルギーを注ぐと「渦」になっていきます。

渦が小さく弱いうちは、物事が動くのに時間がかかり、渦が強く大きくなればなるほど、望みはかないやすくなります。

渦を大きくするには、いい気分でいること。

また、「直感」や「ひらめき」に従って行動すること。するとエネルギーが強く放出され、渦がどんどん大きくなります。

抵抗を外すと、さらに「渦」は大きくなる

渦が大きくなるのを邪魔するのが「抵抗」です。抵抗となるのは、怖れや不安などの「思考の声」。

抵抗が小さければ、すぐに直感を受け取り、すぐに実行できるのでエネルギーの渦は簡単に大きくなります。

宇宙からすると、人はせっかく伸びようとしている「願いの芽」を、抵抗という大きなハンマーで叩《たた》き潰しているように見えるとか。

でも、自分からあきらめないかぎり、オーラの中にある「願いの芽」が潰れることはありません。だから、どんなに叩かれてもまた芽吹きます。

抵抗のハンマーが小さくなればなるほど「願いの芽」はダメージなく、すくすくと成長し、現実化につながります。

〝ゴシック体〟のような
エネルギーが願いをかなえる

ここまでが、引き寄せのエネルギー的プロセスです。

このプロセスを進む上で大事なのは、**宇宙は「記号」で構成されていると理解すること。**記号とはエネルギーでもあります。

そして、私たちの心に浮かんだ願いも記号となって発信され、物質化されると知ることです。

念のためにいうと、この本でいう「宇宙」とは、物理的な宇宙空間ではなく、三次元を超えた高次元を指します。

宇宙では、「願い」という記号が発信されたら、コンピュータに指示が送られたときのようにパッと現実化されるしくみになっています。

つまり「A＝B」のように、「願い」が必ず「現実」になります。

宇宙で発信される記号はとても大きく力強いので、願いを発したり何かをイメージしたりすると、すぐに物質化します。

ところが、地球から発信される願いの記号は小さいのです。

そのため、宇宙では読み取れない状態になっています。

この「小さい」とは、エネルギーが弱々しくてぼんやりしている状態です。

私たち地球人が出すエネルギーは、一つひとつが「ゴマ粒」よりも小さい。しかも、振動数もゆっくりで重い。だから願いがかないにくいのです。

願いをかなえるには、文章を強調する

"ゴシック体"のように力強くはっきりしたエネルギーを出しつづける！

そんな必要があるのです。

この本では、韓ドラを観ながらまるでゴシック体のようなエネルギーを発信していく方法をお伝えしていきます。

日々なんとなく生きている……そんな人は要注意！

それでは、ここから引き寄せのステップについてよりくわしくお話ししていきましょう。

引き寄せの6ステップの最初に「**1**自分の本音に気づいて願いを放つ」がありましたね。

願いを現実化する第一歩は、まず願うこと。

「留学したい！」「〇〇の仕事がしたい！」など、はっきりした望みをもっている人は、それをシンプルにかなえていきましょう。

願いを放てば、宇宙はしっかり受け止めてかなえてくれます。

私がそれに気づいたのは、

「NHKの韓ドラ翻訳者になる！」と決意して、3年で夢がかなったとき。

何のコネもない上、帰国子女で日本語力もあまりありませんでした。

ですが、「下訳」と呼ばれる翻訳の前段階の作業を請け負うところからスタートし、夢を手にしました。

それは、明確な願いがあったから。そしてその願いを強く発していたからです。

「願いと言われてもすぐ出てこないかも」

「とりあえず、幸せになれれば何でもいいです」

このように望みが漠然としている人もいるでしょう。

そんな人は要注意！

明確な願いや望みを発しておらず、**日々なんとなく生きていると「日常で感じたこと」がそのまま現実になってしまうからです。**

たとえば、「こんな上司、嫌だ」と感じたとします。

すると、オーラの中に「嫌だ」というエネルギーが生まれます。

その思いが毎日続いていくと、そのエネルギーがますます強化され、さらに現実となっていく。

つまり、願っていないのに無意識にかなってしまうのです。

そして、いつまでも「こんな上司、嫌だ」という現実にいなければならなくなるのです。

これは、仕事や人間関係などすべてに当てはまります。

ちょっと怖いですね。

では、どうすればいいでしょうか。

「どうしたい？」と自分に問いかけましょう。

望まない現実にフォーカスするのではなく、自分の願う現実をしっかりイメージし、言語化します。

あいまいな願いはNG。

「こうであってほしい」という状況を具体的に思い描き、言葉にして強く願うのです。

わかりづらい「自分の本音」に気づく方法とは？

願いを言語化するときは、「これって自分の本音かな」「本当の願いかな」と考えてみましょう。

なぜなら、次のようなケースがあるからです。

◎社会や他人の価値観に影響を受けて、目標を決めている

◎いまの願望の奥底に「寂しさを癒したい」「○○ではなく△△の仕事がしたい」といった「本当の願い」が隠れている

◎迷いやあきらめがあり、本心を見極められない

夢や願いをかなえるために「とにかく行動を起こせばいい」「がんばればいい」と勘違いしている人も多いようです。

やみくもに動けばいいというものではありません。

「行動の基準」がどこにあるかが大切です。

「不安を埋めたい」という気持ちをベースにして動いているかぎり、「何か違う」という人生になりかねません。

「本当の願い」ではないところから行動しているので、引き寄せられる結果も的

外れなものになってしまうのです。

自分の本心がわからないときは、韓ドラを観ているときの反応で気づくケースもあります。

Aさんは、自分を好きになれないし、かわいいと思えないでいました。

特に、足の形にコンプレックスがありました。

だから、はくのはいつもパンツばかりだったとか。

彼女は30代後半でしたが、韓ドラで女優さんがミニスカートをファッショナブルにはきこなしているのを観て、最初は抵抗を感じたそう。

でも、なぜかいつも気になります。次第に……

「私もミニスカートをはいて注目されたい！」

そう、思うようになりました。

韓ドラに刺激を受けて、心の奥に「かわいらしく着飾って注目を浴びたい」という欲求が隠れていたことに気づいたのです。

そこで、彼女はその欲求に従って服装やメイクをガラッと変えました。

ドレスにも挑戦。新しい自分へと変化していきました。

そのうちにある出会いに恵まれ、なんとモデルに抜擢《ばってき》。

2000人の観客がいるファッションショーの舞台に立つことに！

晴れの舞台で着た服……。

それは、リボンのたくさんついたピンクのミニスカートでした。


「ヒロインはきれいだけれど、私とは関係ない」

「韓ドラのファッションはおしゃれだけど、私には似合わない」

あなたはいま、そう思っていませんか？

もしかすると、あなたの中にも「思い切りおしゃれしたい」「きれいと言われたい」といった願いが眠っているかもしれません。

そうであれば、その願いを無視せずかなえてあげましょう。

自分の欲に忠実になるとき、現実が動き出す

願いを出すときは妥協せず、

欲望に思い切り忠実になりましょう。


「人生ってこんなもの」とあきらめるのは、もったいない。

「私にはこの程度が妥当」と、あらかじめ自分で自分に枠を設けて「ほどほど」の願いに甘んじていると「それなり」のエネルギーしか出せません。

私も済州島に移住する前は、「済州島はお金持ちの住む場所」とはなからあき

らめていました。

でも、ソウル近郊では自然や空気はどうしても済州島ほどはきれいでない。

だから、「妥協して探すのはやめよう！」「最高の場所に自分を住まわせてあげよう！」と欲望に忠実になり、済州島移住を決めました。

後述しますが、ここでさまざまな引き寄せが起きたのです。

自分に制限をつけず、心からの願いを出していきましょう。


以前、翻訳を手掛けた作品で印象的だったのが**「ゴールデンスプーン」**です。

貧乏な家庭に生まれた高校生が、魔法のスプーンでお金持ちの友人と入れ替わるというすごい設定。

お金のためには親だって捨てる主人公に、正直なところ「人として、どうなの？」と思いながら訳しました。

でも、ある意味、突き抜けたストーリーに途中でこう思い直したのです。

「ここまで、自分の欲に忠実になれたらすごい！」

そして私も、それまで自分の中で見て見ぬふりをしてきた「お金」に対する欲に向き合わなければ、と思いました。

「使いたいものには、惜しみなくお金を使う」

「遠慮せずに稼ぐ」

その後、このようなスタンスに変わり、お金への不安や抵抗感が激減。

それにつれて、循環するお金もどんどん豊かになっていきました。


願いが漠然としている、本音がわからない、自分に制限をつけている……。

すべてに韓ドラが役立ちます。

「私の願いって何だろう」

「心からの願いを出せているかな」

こんなふうに思いながら、パワフルで魅力的な登場人物たちが繰り広げるドラマを観てみましょう。

必ず、そこから刺激やヒントが得られるはずです。

「キュンキュン♡」するだけでもエネルギーは上がる！

引き寄せの6ステップで「2感情を動かし、日常でもいい気分でいることを続ける」というのがありましたね。

ここもう少し補足しましょう。

願いはエネルギー（記号）になって発信されるとお話ししました。

そのエネルギーを大きく強くし、周波数を上げる秘訣《ひけつ》。

それは、自分自身を喜ばせること！

具体的には、「わぁ、最高！」と大喜びしているときのようないい気分をキープすること。

そんな自分を喜ばせる方法の筆頭が、韓ドラを観ること。

これはいうまでもありませんね。

たとえば、婚活をしている場合。

〝顔面国宝〟と呼ばれるイケメン俳優が出てくるラブロマンスや、**「冬のソナタ」**のような王道の純愛ストーリーを観る。

「キュンキュン♡」するだけでも、エネルギーが上がります。

その「キュンキュン♡」を感じれば感じるほど、発信されるエネルギーもどんどん力強くなり、現実化を促すポイント（点数）が貯《た》まります。

すると、「結婚」という願いが3次元で実現されやすくなるのです。

サスペンス物や復讐物で感情を動かすのも、いいですね。

ドキドキしたり、登場人物に感情移入したりして非日常を味わい、観終わったあとに「面白かった！」と思えれば、エネルギーが高まります。

「そんなこと信じられない！」と思いますか？

ポイントは、観終わったあと、すぐ現実に同調してせっかく上がったエネルギーを下げないこと。

エネルギーが相殺されてゼロになっていたら意味がありません。

とはいえ、つねにハイテンションでいなければならないわけではありません。

誰だって疲れているときもあります。

嫌なことがあって落ち込むこともあります。

体調が悪かったり、いまひとつやる気が出なかったりするときも。

そんなときは、**「このままではダメ」と自分を否定せず「いま疲れているんだ**

な」「いつもより気分がダウンしているな」とフラットに受け止めれば大丈夫。
そして、ゆっくりお茶を飲んだり早く寝たりして体調を整えます。
そしてラブコメでほっこりしたり、ヒューマンドラマでウルウルしたりして気分転換！
すると、自然にエネルギーチャージが完了。
パワフルな状態になり、よいエネルギーを出しつづけられるのです。

どんなひらめきでも無視はしないで！

引き寄せの6ステップで「**3**『これをやりたい』というひらめきや願いが湧いてくるので素直に実行する」についてもさらに解説しましょう。

韓ドラで感情を大きく動かして心をときめかせていると、**必ず「これをやっ**

てみよう」「いつもとは違うやり方をしてみよう」といった新しいイン**スピレーションが湧いてきます。**そこから突破口が開けたり、問題解決の糸口になる情報とつながったりします。

たとえば、あなたが「カフェを経営したい」と願っていたとします。

しかし、思考の声はこんなふうにいろいろ言ってくるはず。

「資金も経験もないのにムリムリ！」

「素人にできるわけないでしょ？」

たしかに、漠然としすぎていて、その状態のままだと、可能性はゼロに近いでしょう。

でも、韓ドラで気分を上げていると、

「そうだ、ネットでカフェ起業の情報を調べてみよう」

「知り合いのカフェオーナーに、話を聞かせてもらおうかな」

と思いついたりします。

あるいは、起業塾で勉強したり、カフェに勤めて経験を積んだりしてみようかなどひらめいたりします。それを実行に移すのです。

このとき、

願いとはまったく関係のないひらめきがきても無視しないで。

たとえば「映画を観に行きたい」「部屋でまったりしたい」など、まったく関係ない行動でも、そのとき湧いてきた直感を大切にしましょう。

そして、できるところから行動していくのです。

直感に従うと、予想以上の現実を引き寄せる場合もあります。

私が済州島に移り住んで、翻訳の仕事を再開した頃のこと。

ある日どうしても、「家の模様替えをしたい」というインスピレーションが降りてきました。

しかし、締切りが立て込んでいて、とてもそんな時間は作れません。

普通なら、締切りが終わってやろうと思うのかもしれません。

でも、**「いま」がやるタイミングという直感が消えないのです。**

そこでなんとか時間を作り、集中して模様替えを決行。

古い家具や不要物をすべて捨てて新しいインテリアに入れ替え、理想そのものの部屋にしました。


「やった！　思い通りの部屋ができた！」

喜んでいると、ほどなくして、売りに出していた土地に買い手がついたと連絡が入ったのでした。


それも、倍の価格で売れたとのこと。

早く現金化したかったのに、しばらく買い手がつかなかった土地なので、こんな形で引き寄せが起きるのかと驚きました。

以来、ますます自分の直感を信じるようにしています。

「イエス！」の合図は「前のめり」の感覚

ひらめいたことを実行していると、ますますエネルギーが高くなり**「あれ？なんか私にもできそう！」**という感覚が生まれます。

そのとき、願いがかなうベースが整います。

カフェの例でいえば、資金調達や場所探しなど、カフェを出店するための具体的な方法が浮かぶように。

すると、うれしい出来事やシンクロニシティが起こりはじめます。

小さな願いならスルッとかなうし、大きな願いであっても、それをかなえるための流れに乗れるのです。

願いがかなう法則は、とてもシンプル。

願いがかなわないのには必ず理由があって、そのポイントさえ知れば、無理して行動しなくても、いとも簡単に奇跡のような現実が目の前に現れます。

それを妨げるのが、先ほどの「ムリムリ！」「素人にできるわけない」という声。つまり「抵抗」です。

抵抗とは「思考の声」「エゴの声」。

具体的にいうと、「面倒くさいな」「やっぱり怖い」「人目が気になる」「できないかも」「無理でしょ」といった声。

あるいは、そう思っているときのエネルギー。

ここが大事なポイントですが、行動に移す前後には、**抵抗がそういった思いとなって邪魔をするということを心に留めておきましょう。**

では、抵抗を作っているのは何かというと、私たちの「脳」。

原始時代以来、人間の脳は自分が生き残るために機能してきました。

だから、自分を守ることや生き延びるのに役立つことを追求します。

当然「危ないことはするな」と指示してきます。

でも本来、人が進むべき方向を教えてくれるのは、脳ではなく「体」。

何かを選択するとき、体からの「イエス」の合図があります。

イエスの合図は、「前のめり」になる感覚。

「前のめり」とは、思考ではなく「細胞レベル」で喜んでいる状態。

体の奥底からやる気やパワーがあふれ、それをやりたくてうずうずしている状態です。

ちなみに、この前のめりは、**ワクワクとは少し違います。**

ただ**「なんか気になる」**という感覚の場合があるので要注意。

ワクワクだけが前のめりと思っていると、直感を逃すことにもつながります。

この前のめりになれるひらめきを行動に移していくと、どんどんいい流れがやってきます。

それなのに私たちは、過去の経験や固定観念から、思考の声に従っていままでと同じ安全な道を進もうとしてしまいます。

なぜ私たちは、命の危険にさらされなくなった現代も、思考やエゴの声に支配されているのでしょう。

それは、今度は社会の中で、生き延びなければならなかったから。

だからいまも根強く、自分を守るための思考のクセ（過去の経験で出来上がった信念や常識）が残っているのです。

それらの思考が抵抗となり、願いをかなえるのを妨げます。

抵抗は、アクシデントや外側からの障害といった形で現れる場合もあります。

でも、そこであきらめないことが肝心。

思考の声やアクシデントを乗り越えると願いがかないます。

逆にいえば、**願いをかなえようと思ったら、それらを乗り越える必要があるのです。**

では、抵抗の表れである思考の声を小さくするには、どうすればいいでしょう。

それが引き寄せのステップの「4　抵抗や怖れが出てきて行動できなくなるときがくるが、それでもリラックスしたり好きなことをしたりしてエネルギーを上げることを続ける」ですね。

まずは、日々使っている頭を休めましょう。

そのためには、リラックスが必須。

抵抗を乗り越えるくわしい方法は、4の章でお話ししましょう。

どんな人の中にも多かれ少なかれ、抵抗はあるもの。

あなただけではなく、誰もが無意識に「無理だ」「ダメだ」と思っています。

だから「私なんて」と考えず、エネルギーを上げていきましょう。

「仕方ない」「どうせ私なんて」「忙しい」などと、いつもの口癖が出てきたら、「本当にそうなの？」と自分に尋ねてみてくださいね。

そして、さらに強く願う。

この姿勢を意識しつづけると、つねに軌道修正できるでしょう。

そうやって引き寄せのステップ**2**から**4**のサイクルを回していくと、新たにやりたいと思うことがつねに生まれ、うれしい出来事やシンクロニシティがそのつど起こります。

その出来事を受け取って、また楽しみながら行動していけば、いつの間にか**1**の願いがかなっているのです。

いまは、まだなんとなくしかイメージできないと思いますが、ここでは大まかな流れを把握しておけばOK！

私たちには、韓ドラという強い味方があります。

次の章では、韓ドラの登場人物たちのセリフから、引き寄せの秘訣を学んでいきましょう！

2

韓ドラのセリフから学ぶ！引き寄せ体質を作る8つのステップ

1 「まっすぐ願うこと」が運命の扉を開く

「人間の切実さは、どんな扉も開けられる」

欲しい現実を引き寄せるには、まず心の底からまっすぐ願うこと。

純粋な願いが人生を変えるきっかけとなったヒロインが登場するのが、熱烈なファンの多い **「トッケビ」** です。

不滅の命をもつトッケビ（鬼）となってしまったキム・シン。

彼を永遠の命から解き放つことができる、ただひとりの存在「トッケビの花嫁」である高校生のチ・ウンタクと出会うことから始まるストーリーです。


本当に心から強く願えば神様に届くんだ、と思わせてくれるセリフをご紹介します。

「トッケビ」：映像の美しさやふたりのロマンスもさることながら、セリフ一つひとつがとても深い！ 映画のような名作！

シン　人間の切実さは、どんな扉も開けられる。

シンと彼をよく知る死神が、運命について語り合うシーンでシンが言ったセリフ。

シンは、不滅となった自分の命を終わらせるために「トッケビの花嫁」を探しつづけますが、困難ばかりでうまくいきません。

そんな彼は、死神の仕事場でとあるシーンを目撃し、「人間の切実さは、どんな扉も開けられる」と話します。

人が切羽詰まったときの思いはとても強いので、運命の扉を開ける鍵になると言うのです。

そしてシンは、自分の運命を受け入れ、立ち向かう力を奮い立たせます。

ヒロインのウンタクが、まっすぐに自分の願いを発する場面も印象的です。

身寄りがなく、叔母一家でつらい思いをしていたウンタク。

人生をあきらめていましたが、ひょんなことから自分が「トッケビの花嫁」であると知ります。

人生にうっすらと希望をもちはじめたウンタクは、叔母の家を出ることを決意。海辺で10ウォン（約1円）を投げ、次のように祈ります。

ウンタク
願い事はしないと9歳のときに誓ったけど、今日だけは大目に見て。叔母一家をなんとかしてください。そして私にバイトと彼氏を。どうか私を幸せにして。10ウォン分だけでも。

その後、ウンタクとシンは関係を深めていきます。

そうして、彼女の切実な願いは最終的に自分自身の成長と幸せにつながります。

ここでのポイントは、あきらめていたウンタクが純粋に願う点。

孤独だったウンタクが、人生にわずかでも希望を見出《みいだ》し、切実な思いで願いを発信する。その願いに宇宙は応えてくれたのです。

望むことが現実化への種になる。

願いを出すことがスタートです。

トッケビを追いかけて不思議なドアをくぐり、韓国から突然カナダにきたウンタクが感激して言ったセリフのストレートさも見習いたいところ。

ウンタク　私、決めたわ！
トッケビ　何を？
ウンタク　決心したの！
トッケビ　何を？
ウンタク　あなたと結婚する。やっぱりトッケビに違いない。愛してる！

「決めたわ！」というセリフに、自分で自分の人生を決めていこうとするウンタクの強さが出ています。

なぜ、決めることが大事なのでしょう。

決めたとたん、その決意（願い）がオーラに入るから。

そして、おなか（丹田）から創造のエネルギーが出て、願った現象を引き寄せるからです。

「〇〇する」と決めたとき、そこに意識がフォーカスし、エネルギーの粒が動きはじめて、現実化が起こり出すのです。

一番よくないのは、「〇〇したいな」「〇〇できるかな」とあいまいな状態。

そんな姿勢でいると、永遠に迷いから抜け出せません。

でも、あなたが心を決めると、魂は必然的に答えを出してくれます。

人は必死に願うのを忘れがち。

小さな願いでも願いを出すことが大事。

大きな目標や夢はもちろん、小さな願いであっても無視せずかなえてあげようとすること。そして、本気で願うことが大切なのです。

2 『思い込み』を外すと願いはすぐかなう

「まぁ、寝心地の悪さは最高ね。だって、床がカチカチよ。歓待に慣れてるから、こんな冷遇は新鮮だわ。ありがとうね」

「愛の不時着」は、もはや説明不要の大ヒット作品。

北朝鮮の兵士リ・ジョンヒョクと韓国の令嬢で実業家のユン・セリの国を越えたロマンス。第四次韓ドラブームの牽引《けんいん》役！

ジョンヒョクの婚約者ソ・ダンと、セリの元婚約者ク・スンジュンの悲恋、北朝鮮のおばさんたちや兵士たちの愛すべきキャラクターなど、話題豊富だったドラマ。心に残るセリフが数多く登場しました。

ジョンヒョクとセリの愛たっぷりの会話はたくさんあるのですが、ここで注目

「愛の不時着」：とつじょ竜巻に巻き込まれ、北朝鮮の地へ。このシーンのロケ地は私が目覚めるきっかけにもなった済州島なんです。

したいのは、**私たちの思い込みを軽く外してくれるセリフ。**

アクシデントで北朝鮮に迷い込んだセリがジョンヒョクに助けられ、彼の寝室で寝るシーンで、セリはこんなふうにズケズケ言います。

セリ　ここにいて。私は寝室を使わせてもらうわ。**まぁ、寝心地の悪さは最高ね。だって、床がカチカチよ。歓待に慣れてるから、こんな冷遇は新鮮だわ。ありがとうね。**

ジョンヒョク　もう黙って寝ろ。

セリ　私も眠りたいわ。でも眠れそうにない。空から落ちた上に目が覚めたら北朝鮮で撃たれそうになった。2回もね。しかも、今日は婚約まで。胸が高鳴って眠れない。

かくまってもらってるにもかかわらず、寝心地が悪いとは！

でも相手を責めるわけではなく、婚約者と間違われてまんざらでもなかったこともさりげなく入れて、自分の気持ちを表現。

ふたりの気持ちが通う布石になっています。

自分の感じていることをストレートに伝えるところから、相手との関係性が近くなる場合もあります。

こんなふうにスマートに伝えられたら素敵ですね。

他にも、セリは常識から考えると驚きの行動に。

セリ　ボディシャンプーがいくら探してもないわ。緊急事態なの！

「緊急時だけ使用可」と言われた電話で、ボディシャンプーをリクエスト（笑）。

私たちはつい「相手の立場をくまなきゃ」「自分ががまんすれば」と考えがち。

でも、それは思い込みかもしれない。

そう、セリの柔軟な姿勢は感じさせてくれます。

また、天然に見えて、相手を傷つけたり不快にしたりせずに意思を通す振る舞いは、「人に気を使わなければいけない」という固定観念を壊してくれます。

そして、もっと自由になっていいのだと教えてくれます。


抵抗がなく、軽い周波数で強い思いを発していれば、どんな願いも引き寄せられます。


それには、たくさんの思い込みや既成概念を外す必要があるのです。

生まれてきたとき、赤ちゃんのときは、何の思い込みもありません。

でも、私たちは成長するにつれて、たくさんの思い込みや信念をセットします。

10歳頃までに、その思い込みや信念はある程度、完成。その後は、思い込みの中で暮らし、本来の自分のあり方とは違う世界を体験します。

とはいえ、思い込みがいけないものではありません。

人間は、地球にさまざまな体験をするためにきています。

しかし、思い込みがなければ、必要な体験ができません。

人それぞれに思い込みをセットしているからこそ、本人にとって必要な体験ができるしくみになっているのです。

でも、願いを現実化するときに、過去の思い込みが邪魔になるのなら、それを手放していかなければなりません。

韓ドラには、セリのように、あなたにとって必要のなくなった思い込みや観念の枠を外してくれる登場人物が他にもいるはずです。

ぜひ探してみてくださいね。

3 「直感を信じる」ことが望む未来に導く

「勘です。この人にならら人生をかけられるという勘です」

直感は、あなたの魂から届くメッセージ。

毎日のひらめきやインスピレーションとなって届きます。

あなたにも大小問わず「これをやってみよう」「こっちを選ぼう」といった直感が浮かんでいるはず。成功したいなら、打算を働かせたり、うまくいく保証を求めたりするより、自分の直感を信じるのが一番の近道です。

日本版も制作された人気ドラマ**「梨泰院クラス」**のヒロイン、イソがそれを証明してくれています。

「梨泰院クラス」は、主人公パク・セロイが、父の死を乗り越えて梨泰院に飲食

「梨泰院クラス」：私のお気に入りのシーンは8話。セロイが入居していたビルごと買収され土下座を要求されても、「真の強さは人から生まれる、皆の信頼がオレを強くしてくれる」と戦いを受けて立つところです。

店を開き、仲間とともに成長しながら成功を目指す物語。

次のセリフは、「マネージャーとして働きたい」と言うイソに、「能力は認めるけれど、いまの店の規模では雇えない」とセロイが断ったシーン。

セロイ　なぜ、この店にこだわるんだ？

イソ　**勘です。この人になら人生をかけられるという勘です。**

セロイ　面白い。いまからこの子がマネージャーだ。

このイソのセリフにハッとして、「私も直感に従った生き方を選びたい」「勘に人生をかけてみたい」と思ったあなた。

もしかしたら、直感で生きていないのでは？

どれだけ思考や常識に振り回されているかに気づくときです。

でも、落ち込まなくて大丈夫！

このセリフに心を動かされたのはあなたがもともと、

計算や下心に従って動くよりも、直感に従って動きたい、と望んでいたから。

いまから、その望みに従う生き方をしていけばいいのです。

目的地に行く方法を思考で考えるより、保証はないけれども気になる方向に進む方が早く目的を達成できます。

なぜなら、一度願いをオーラに入れれば、それをかなえる方法は、潜在意識の中に生まれるからです。

あとはリラックスして過ごし、**ひらめいたことや気持ちが前のめりに動いたことを一つひとつ実行に移すだけでいいのです。**

それに、直感が正しいかどうかは、ずっとあとにならなければわかりません。

時には、「こんなはずじゃなかった！」と感じることも起こります。

でも、1の章でお話しした6つのステップを続けていけば、**最終的には必ず**

「正しい場所」にたどり着けます。

そう思わせてくれるセリフを、**「愛の不時着」**から2つご紹介しましょう。
偽造パスポート用の写真を撮りに行くジョンヒョクとセリ。
しかし、停電で電車が止まり、野外で夜を越すことに。
毛布とたき火で寒さをしのぎながら会話する有名なシーン。

セリ　インドでは、こういう。「Sometimes the Wrong Train Takes You to the Right Station（間違えて乗った電車が、時には目的地に連れて行く）」。私も、そうだった。私の人生は乗り間違いの連続。（中略）とんでもない乗り間違いで、なんと38度線を越えちゃった。でもね、思い通りにいかなくても、将来を考えてみて。私は私が去ったあとも、あなたには幸せでいてほしい。**どんな電車に乗っても、必ず目的地に着いていてほしい。**

冒頭のインドのことわざは、このドラマのテーマをよく表しています。

セリは、偶然とはいえ北朝鮮に不時着してしまい、人生が大きく変わりました。でも最終的には、そこで出会ったジョンヒョクとの愛を貫き、「目的地」にたどり着いた。

その未来を示唆し、ジョンヒョクへの深い愛も表現する素敵なセリフです。

セリの元婚約者スンジュンの言葉も、**未来の安定を求めるのではなく、そのときの気持ちを大切にすることが大事だと教えてくれます。**

スンジュン　人がときめくのは、結末を知らないからだ。

これは、恋愛感情が芽生えはじめていたソ・ダンに、お見合い結婚のつまらなさを教えていたときに言った言葉。これは、人生すべてに当てはまります。

ところで、Appleの共同創業者のひとりでもあるスティーブ・ジョブズが2005年、スタンフォード大学の卒業式で行ったスピーチをご存じでしょうか。

彼は、学生時代に学んだカリグラフィの授業が、Ｍａｃのフォントに大きな影響を与えたと話しました。

大学中退を決めたジョブズは、必修科目ではなく自分が興味をもてる科目を取りはじめ、その中にカリグラフィの授業があったのです。

当時は、何の役にも立たなそうなカリグラフィでしたが、その文字の美しさはＭａｃに組み込まれ、世界的に愛されることになりました。

直感で動いていくと、初めは自分の行動が何の関連もない「点」と「点」にしか見えません。

それらが将来どうつながるかは、誰にもわからない。

わかるのは、未来になってからです。

でも、自分の好奇心と直感を信じて行動すれば、必ず点と点が結ばれ、望む未来につながります。エネルギー的にいうと、

時間は「未来」から

「現在」に向かって流れています。

「未来の私」が、「過去（いま）の私」に送っている必要な情報が直感です。
そして、日々私たちは、その直感をキャッチしています。
あとは、信じて行動するだけです！

4 「自分の価値や魅力」をはっきり宣言！

「私が好きって言って、ふられたことはないかな」

世界中で大ヒットした**「脱出おひとり島」**は、一般人から芸能人までシングルの男女が集まって繰り広げる恋愛リアリティーショー。
私が翻訳を手掛けていたので、日本人の友人知人から、

「彼女たち、本当にあんな自己紹介をしてるの？」

「脚色してオーバーに訳してる？」

と、よく尋ねられました（笑）。というのも、女性出演者たちが、

こぞって自分のモテ度やかわいさをアピール!!


いうまでもなく、彼女たちは原語でも本当に、自信満々で自己紹介していま す。**遠慮や謙虚さは一切ありません（笑）。**

もちろん「公開番組で自分をさらけ出せるメンタルをもつ人たち」だからということもあるでしょう。

でも、一般の人も自分をアピールするときは、

遠慮せず、
全力でアピールするのが韓国スタイル。

「脱出おひとり島」：こちらはドラマではなくリアリティーショーですが大人気で2024年現在、シーズン4が制作決定されています。

その姿勢は、いっそのこと潔いなと思います。
気持ちいいくらい自己肯定感の高い女性たちの発言を紹介していきましょう。

スルギ
自分の外見で自信があるのは、一番はこの目ですね。大きくて丸い目が、チャームポイントだと思います。男性からよく言われるのは、「瞳に星が輝いてる」と……。**私が好きって言って、ふられたことはないかな。**

セジョン
好みのタイプじゃないと惹《ひ》かれません。（外見的には）一重で笑顔がかわいい人。それから私のことを包み込んでくれる人。**私からアプローチして失敗したことはほぼないです。**

イソ

私のアピールポイントは、よく笑うことと、よく聞くこと。自分で言うのは恥ずかしいけど……**モテる方じゃないかなって思います。**（中略）私のことを好きじゃないって言われても「いつまでそう言ってられるかな？」っていうマインドでがんばれば実る気が……します。

ソウン

結構負けず嫌いだし、運動神経もある方だと思います。**他の方と競うことになっても、勝算はあるんじゃないかなって。**私は好きな異性がいると、その人の前では愛嬌《あいきょう》を振りまくし、愛情表現もたくさんします。

このすがすがしいまでの自己アピール！

自分の価値や魅力をきちんと把握しているからこそできること。

「私なんて」という思考の枠を外して、自分を認めるために、ぜひ見習いたい姿勢です。

「愛の不時着」のセリも、自分の価値をジョンヒョクにしっかり伝えています。

嫌味がなくユーモラスで、クスッと笑った人も多いかも。

セリ　私がここにいるとわかったら、きっと韓国政府や軍も動くわ。（中略）**ただのツバメじゃなくて超セレブのツバメよ。私は韓国の超富裕層ってやつなの。ハイクラス、財閥令嬢、株式上場企業の代表。**

ジョンヒョク　できるだけ目立たないようにしてて。
セリ　**私は黙って座ってるだけでも目立ってしまうタイプなのに、心配だわ。**
ジョンヒョク　少し寝ろ。正気に戻るために。

また、**「まぶしくて－私たちの輝く時間－」**からもセリフを紹介しましょう。

この物語は、時間を操る能力をもつ女性キム・ヘジャと、夢を失って人生に挫折した男性イ・ジュナのハートフルドラマ。

ヘジャは、ジュナにこう言います。

ヘジャ　私は自分が嫌いではありません。だからといって大好きでもない。悪くないと思ってます。**未熟な部分も多いけど割とかわいいし……。**

等身大の自分を受け入れている姿がキュート。自分の欠点も含めて自分を認めているところが、主人公のポジティブで明るい性格を表しています。

未熟な部分をちゃんと受け入れること。

人は、完璧でなければ愛されないわけでもないし、成功しないわけでもありません。

「未熟でもいいじゃない！」と自分に自分でOKを出す姿勢が、男女ともに愛され、願いをかなえていくポジティブさを生んでいきます。

5
「自分に誇りをもつ」ことが引き寄せ体質のベースとなる

「心に刻もう、僕は母さんの誇りだ、不出来な息子じゃない」

20代半ばで囲碁の道をあきらめ、コネで商社に入社したチャン・グレ。その会社で働くさまざまな立場の人にフォーカスしたヒューマンドラマが、**「ミセン－未生－」**です。

困難や葛藤の中でお互いに切磋琢磨《せっさたくま》し、励まし合いながら成長する登場人物の姿が感動的。

どんな環境にある人にも響くセリフがあふれている、社会人のバイブルのような作品です。

「ミセン −未生−」：2話で、グレに冷たく接していたオ課長がグレのことを「うちのやつ」と呼ぶシーンが私のお気に入り。「うちのやつ」の原音は「ウリエ」。ウリという言葉は仲間に対して使う言葉。韓国ならではのセリフでジーンときました。

コネで入った契約社員としてバカにされ、肩身の狭い思いをすることが多かったグレ。母親が自分の自慢話を親戚にしているのを聞いて、自分を奮い立たせたときのセリフ。

グレ　心に刻もう、僕は母さんの誇りだ、不出来な息子じゃない。

鬱屈した思いを抱えながらも、前を向こうとするグレの姿を見習いたいですね。
そんなグレの理解者となった上司オ・サンシクは、グレを叱咤《しった》し、プライドをもって仕事するよう励まします。

サンシク　とにかく踏ん張れ。踏ん張った者が勝つ。オレたちはまだミセン（弱い石）だ。

タイトルにもなっている「未生」は囲碁用語で、まだ生かされていない弱い石のこと。

けれども、戦いようによってはそこから生かすこともできる石です。

自分をどんな存在だと位置づけるかで、結果は大きく変わるのです。

「トッケビ」では、ヒロインのウンタクも逆境に負けず、誇り高く生きています。「自分はトッケビの花嫁だ」と主張するウンタクに、トッケビであるシンがそれを証明しろと迫り、何が見えるかを聞くシーン。

ウンタク　「いい男」なんて答えを期待してる?

シン　もっと別の答えだ。それが見えなければ、君は花嫁じゃない。トッケビには無価値だ。君は掟破《おきて》りで生まれた副産物だ。(中略)おまけで得た人生に感謝して暮らせ。

ウンタク　**私の価値を勝手に判断しないで!**

「掟破りの副産物」「おまけで得た人生」とは、ウンタクの出生に関わる秘密を指しています。

とらえようによっては、自分の存在を全否定されていると感じられる言葉なのに、きっぱり切り返すウンタクの強さが印象的です。

ちなみに、**韓ドラを訳していると「おまけで得た人生」という表現がよく出てきます。**

この言葉の奥には、人生を人任せにしている主体性のなさが見え隠れしているように思えます。

自分の人生は、自分のもの。

相手に判断させない強さをもつ必要があります。

たとえば、あなたも無意識のうちに、上司やパートナー、家族、友人など誰かに、自分の価値を判断させているかも!?

これを機会に考えてみましょう。

どんな状況だったとしても、自分の価値を自分自身がきちんと認めてあげたいと思わせてくれるのが、**「梨泰院クラス」**のイソです。
学校で問題ばかり起こすイソが、橋の上で同級生のグンスに言った言葉。

イソ　こう思ったことは？　生まれなきゃよかった。人は誰でも、年老いて病になって死ぬでしょ。それを知ってて、勉強だの何だのとやらされる。死ぬまでね。疲れるよね、人生って。
グンス　それで？　死のうと？
イソ　それはもったいない。

たしかに、死ぬまで学びはつきないし、「あぁ、もう疲れた」と言いたくなる日もあります。また、「もう、あきらめた方がいいのかな」「この願いを手放せたら、もっと楽に生きられるのかも」と、弱気になってしまう日も。
でも、生きていることに価値がないわけでもなければ、自分が無価値なわけでもありません。字幕では省かれていますが、

原語では「自分がもったいない」と言っています。

イソは、自分自身の価値を知っているのです。

あなたは、「自分がもったいない」という感覚をもっていますか？

無意識に「自分なんて」と思っていませんか？

どんなときも、自分への誇りを忘れないでいてください。

誇り高く生きるとは、自分を愛し、大事にすること。

「梨泰院クラス」でセロイがもともと好意を寄せていたスアは、孤児院育ちという不遇の身でしたが、誇り高く生きる姿が魅力的でした。

高校時代、教師にあらぬ疑いをかけられたときに決意した言葉には、彼女の凛《りん》とした強さが感じられます。

スア

17歳という若さで、親にまで捨てられた哀れな私。**私だけでも、自分を大事にしよう。誰にも愛されぬかわいそうな私。私だけでも自分を愛してあげよう。**

私たちは、自分を大事にするということを誤解しがち。

大事にするとは、行動を指すのではありません。

好きなものを買い、好きなことをしていながら、頭の中で自分を責めていたり、罪悪感を覚えていたりしたら何の意味もありませんよね。

「自分を愛する」「自分を大事にする」とは、いつも自分の味方でいること。

そして、どんな自分もジャッジしないこと！

まずは、自分の体に「ありがとう」と伝えいたわってあげましょう。

「梨泰院クラス」で、セロイと対立する会社で働くスアが、両者の間で板挟みになって悩んでいたときに、セロイが言った言葉もグッときます。

セロイ　お前を好きな理由を言ったっけ？　高校時代、大学入試のときに遅れて走っていっただろ。「助けは必要ない」と言って何キロも走りつづけた結果、時間内に着いた。**試験場に入っていくその後ろ姿が「自分のことは自分で守る」、そう語ってた。カッコよかった。**迷うな。お前は自分の味方をしろ。

入試に遅刻しそうになったところを、セロイが助けようと追いかけたにもかかわらず、ひとりで必死に駆けつづけたスア。

そんな自立した姿勢への敬意が表れている言葉です。

誰かが自分を悪く言っても、孤立したとしても、「自分だけは、自分の味方」でいてあげましょう。

そうすればいつでも、自分の安心できる場所を自分自身で作れます。

その自信が、引き寄せのベースになるのはいうまでもありません。

6 「自分の欲に忠実になる」ことが魂を成長させる

「最初からあきらめてどうするんだ。やってみないとわからない」

「梨泰院クラス」の主人公セロイは、元受刑者というマイナスの状態からスタートして、起業家として成功しました。

彼のように「成り上がりたい！」「成功したい！」と欲を出すのは、けっして悪いことではありません。

むしろ、「いまはちょっと無理かも」と思うような高めの目標を設定することで、グンと成長できたりします。同時に、

「何クソ！」「やってやる！」と、感情を激しく動かしていくことも重要。

そういう点でも、韓ドラの主人公たちは、大抵感情表現も行動もストレート！ 彼らを観《み》ていると、もっと素直に欲求を出していいと自分に許可が出せます。

とはいえ、いきなり行動できなくても大丈夫。

まずは、自分にどんな欲求があるのか、ドラマを観ながら探ってみましょう。

不器用ながら信念を貫き、夢を追いかけるセロイは、恰好《かっこう》のロールモデルです。

次のセリフは、父親をひき殺した相手への傷害事件で服役したセロイが、受刑者仲間のスングォンに言ったセリフ。

セロイ　オレには何もないが、やりたいことは多い。

スングォン　前科者ですよ、就職もできないし。

セロイ　貧しさや学のなさや前科持ちを言い訳に？　**最初からあきらめてど**

うするんだ。やってみないとわからない。

（中略）

セロイ　それで、お前の人生も終わったのか？　自分の価値を自分で下げて安売りするバカめ。

スングォン　本を読んで、何をするんだよ。

セロイ　勉強、肉体労働、船乗り、そこから始めればいい。必要なことは何だってやる。オレの価値をお前が決めるな。**オレの人生はこれからだ。必ず成功してやる**（原語：望むものはすべてかなえる）。

成功するためにはできることは、何だってやる。

多くの成功者はこう思っています。

たしかに、適当に手を抜いて成功できるわけがありません。

可も不可もない「そこそこの状態」で満足していないでしょうか？

あなたの価値は、あなた自身が決めます。

もし、成功したいと思うのであれば、

誰がなんと言おうと「成功したい」と願いを放てばいいのです。

もし幸せになりたいのであれば、「必ず、自分を幸せにしよう！」という強い決心が、あなたの未来を決めます。

そうはいっても、お金や地位、名誉に貪欲な生き方に抵抗感をもつ人もいるでしょう。

しかし、**人間はもともと「経験」に対して貪欲なのであって、経済力や権力、栄光そのものに貪欲なわけではありません。**

そのことに気づくのは、それらを得て実際に経験したときです。

また、あなたの魂が計画している経験に対しては、簡単にあきらめがつかないようになっています。

それなのに、**無理に自分の欲を抑え込んだり、欲のないふりをしたりすると、オーラの中に不調和が生じてやっかいな現実を作り出すことになりかねません。**

一方で、自分の貪欲さに誠実に取り組み、必要な経験をしてきた人は、どんどん無欲になっていきます。

なぜなら「欲」という動機がなくても、必要な経験を自分に与える力がついているし、次にどんな経験を必要としているかも理解できるようになるから。

その状態にたどり着くには、まず自分の欲求に素直になるところから始まります。

韓ドラに登場する女性たちは、自分の欲や気持ちに対して本当に素直です。

なかなか素直になれない恋愛の場面で参考にしたい、ふたつの例を挙げましょう。

まずは、**「梨泰院クラス」**で、セロイに思いを寄せるイソが、恋敵のスアをけん制するために言ったセリフ。

イソ　欲しいものは必ず手に入れる。邪魔者がいたら何をしてでも叩《たた》き潰す。それが私よ。**だから、もう一度言います。私は、社長が好きなんです。**

スア　セロイは、私が好きなの。でしょ？

イソ　じゃあ、仕方ない。**あなたを潰させてもらう。**

好きな人のためにここまで強気になれたら、気持ちがいいですね。

「冬のソナタ」のヒロイン、ユジンも自分の欲求に正直です。

「冬のソナタ」は、カン・チュンサンとチョン・ユジンが惹かれ合い、さまざまな困難を経て結ばれる純愛ドラマ。

ある人に会いに行こうかどうか迷ったチュンサンが、ユジンに相談するシーン。

チュンサン　君は同じ失敗を繰り返さないタイプ？　それとも何度も繰り返すタイプ？

ユジン　どういう意味？

チュンサン　たとえば、二度と会わないと決めたら、会いたくてもがまんするか。それとも会うか。

ユジン　私なら、たぶん会いに行くと思う。

チュンサン　どうして？

ユジン　**だって、会いたいから**（原語：会いたいのに理由がある？）。

ユジンのように、頭であれこれ考えすぎず、どんなときでも自分の思いに誠実でいましょう。

自分自身に誠実でありたければ、どうすればいいか。

自分の純粋な欲求に、応えつづけていけばいいのです。

湧いてくる欲求に素直に応えていけば、自分が必要としている経験を自分自身に与えられます。

それが、自分が決めてきた魂の計画をどんどん実践していることになる。

「冬のソナタ」：初期韓ドラの金字塔といってもいい名作。「韓国ドラマの翻訳者になる！」と強く願いを放って引き寄せた最初の翻訳の仕事でした。

だから必然的に成長が促され、それに見合った経験がまた与えられるのです。

7 「自分の中のクズを認める」と制限が外れる

「クズだとして、それが何なの？　貧乏なのは、私たちのせいじゃない」

1の章でも書いた通り、**韓ドラはとことん情けない「クズ」たちの宝庫（笑）**。

でも、彼らは自分のダメなところを出してもいいと思わせてくれる愛すべき存在です。

また、人から見れば「クズ」かもしれないけど、**自分の願いをかなえるために必死で生きていく姿は感動的**。人からなんと言われようと、ひたむきに生きていけばいいんだと思わせてくれます。

「ゴールデンスプーン」の主人公イ・スンチョンもそのひとり。

貧乏な家に生まれた彼は、塾に通わずともつねにトップの天才高校生。名門高校に入学できたけれど、格差社会の韓国では生まれた階級で運命が決まります。

そのことに鬱憤《うっぷん》いっぱいの彼は、ある日手に入れた奇妙な金のスプーンの魔力で、裕福な家庭の友人と人生を入れ替え、周りを翻弄していきます。

そんな中、スプーンの秘密を知って食事しにきた友人のテヨンが、結局はご飯を食べず、貧乏人である自分の両親を選びました。

そのことにショックを受けるスンチョンを元婚約者のヨジンが次のように慰めます。

スンチョン なのにあいつは、オレの両親を選んだんだ。あいつも金のスプーンを使い、両親を捨ててカネを選ぶと思ったのに……。オレはクズだ。

ヨジン **クズだとして、それが何なの？ 貧乏なのは、私たちのせいじゃない。**お金がなくて金持ちになりたいときに、機会が訪れて親を替え

「ゴールデンスプーン」：「韓国にこんな格差あるの？」と思うかもしれないけど事実。
「あり得ない！」と思いつつも翻訳しながら一気に観てしまう面白さでした。

ただけよ。他の人だって、同じことをするはずよ。

道義的にはうなずきかねても、やむにやまれぬ思いで、なんとかのし上がろうとする姿には共感を覚えます。

どんな環境であれ、自分の手で人生を切り拓《ひら》くことの大切さを教えてくれるドラマです。

以前、翻訳した**「気象庁の人々」**でも、主人公以外が全員クズで驚きました。

特に、サブ主人公の男性ハン・ギジュンのクズっぷりは見事。

ヒロインのチン・ハギョンとは同じ職場で、10年の交際を経て婚約したのに、結婚間近に若い女性と浮気。

周りにも知れ渡り、ハギョンのプライドはズタボロ。

しかも、婚約解消によりすべての所持品は折半だと主張するケチ。

さらにやきもち焼きで、被害妄想もひどい。**なのに、なぜか憎めない。**

さわやか青年の恋よりも、ダメ男の行く末の方が気になってきます。

次のセリフは、ギジュンが浮気したあげく別の女性と結婚後、ハギョンと住むはずだったマンションを「自分に譲るか、折半しろ」と迫るシーン。

ギジュン　オレ金欠だろ。マンションに全財産をつぎ込んだ。
ハギョン　それはそっちの事情。
ギジュン　妻の方は、別にいいって言ってるんだけど、結婚したら責任が生じるだろ。男が36にもなったら、それなりの経済力が必要だ。
（中略）
ギジュン　ど～しても嫌だって言うなら、分けよう、半分に。

ギジュンは付き合っている間、ハギョンにコラムの内容を指南してもらっていました。しかし、いざひとりで書くとなると内容が思い浮かばず、なんとハギョンに一度だけ書いてほしいと電話したシーン。

ギジュン　ハギョン、オレだ。徹夜で働いて疲れたろ。あぁ……じつはその……今回だけ、助けて。ほんとに悪いんだけど、あと1回だけ助けてくれないかな。

言うことなすことクズすぎて、翻訳しながら、あきれて思わず吹き出してました。

韓ドラではクズ男たちを中途半端にいい人間にしません。人間の汚い部分や闇を「これでもか」と見せてくれます。それが怖いけれどスッキリするところでもあります。

最低だと思いつつも、人間世界で起こり得ることはすべて、自分の中にも隠されています。自分も含めて誰の中にも、そういう部分があるかもしれないと思えてくるから不思議。

とはいえ、もちろん不倫を推奨しているわけではありませんし、常識を無視して行動しろと言っているのではありません。相手への思いやりや愛は必須です。

見て見ぬふりをやめましょう。
自分のクズでゲスな部分を認めていく。

すると、あなたの世界はさらに制限から解き放たれ自由になります。

8

「正解、不正解を探さない」とエキサイティングな人生が始まる

「君の人生では、君の選択が正解だ」

「もし失敗したら」と思うと、人はなかなか行動できません。

必ず成功するという保証を求めてしまいます。

1の章でもお話しした宇宙から私が受け取ったメッセージですが、

宇宙では、失敗した人ほど偉い

といわれると知っていましたか？　失敗が多い人が、指導者として選ばれます。

なぜなら、それだけ経験値が増えるから。

失敗すればするほど、つまり、挑戦すればするほど自分を知ることができ、成長できるからです。

願いをかなえたいのに挑戦できないのは、なぜでしょう。

それは、「正解か、不正解か」を探しているから。

つまり、自分の選択が間違っているか正しいかを、行動する前に探そうとしているからです。

でも、チャレンジしなければ、夢への扉は絶対に開きません。

失敗を恐れず挑戦することを、**「トッケビ」**の次の言葉が後押ししてくれます。

かつて、カナダでシン（トッケビ）が助けた青年が年老いて死に、あの世に行く前に会いにきたときの会話です。

シン　**君の人生では、君の選択が正解だ。**
青年　人は、奇跡の瞬間を忘れられないんです。
シン　一度奇跡を経験すると、困難のたびに助けを求める。まるで、奇跡が当然のことのように。君は人生を切り拓いた。**人生において、神が知るものが正解ではなく、あくまで自分の人生は自分のもの。**奇跡や神に頼るものではなく、自分自身で選び取って作っていくものなんだ。

奇跡を起こすのは、自分自身。

本来は、未来も過去もありません。

じつは、神すらもいないかも!?

すべてのものを、「誰か」ではなく自分で選んでいると理解し、覚悟が決まったときに初めて内側にパワーが戻り、自分主体の人生を歩めます。

つまり、自分の人生を作れます。

みずからの心に従って人生を選び取るには、未来や過去ではなく「いま、ここ」にいることが必要です。

「いま、ここ」の選択が、次に進む道を決めます。

そして本当は、正解、不正解もなく、善悪すらありません。

どんなつらい経験をしたとしても、**長い目で見たら、あなたの魂があなたを不幸にすることは絶対にありません。**

それを信頼できれば、あなたの人生は本当に楽になっていきます。

次の言葉たちが、気負わず、自分の人生を自身で選択していける視点を与えてくれるでしょう。

まずは**「キルミー・ヒールミー」**のヒロイン、オ・リジンの兄、リオンの**「最高の選択とは、自分の選択」**という言葉。

このドラマは、心の傷が原因で多重人格になってしまったチャ・ドヒョンと、精神科医、リジンのコミカルながらも感動のラブストーリー。

主治医としてドヒョンのそばにいるか、アメリカに研修に発《た》つかで悩んでいるリジンに対してかけた言葉です。

また、**「ミセン ―未生―」**で、秘密にしていた過去を打ち明けたグレに、先輩のキム・ドンシクは、次のように言います。自分の人生観を語りつつ、報われなかった過去をもつグレをさりげなく励ます優しさのにじみ出るセリフです。

キム　オレたちは、成功とか失敗とかではなく、死ぬまで扉を開けつづけていくんだと思う。

グレの同期のソンニュルは、プロジェクトのパートナーとなったグレに次のように言います。

ソンニュル　選択の瞬間が集まって人生になるんだ。そのとき、何を選ぶか。それが人生の質を決める。

たとえどんな結果になっても、自分で選び取った道なら後悔しないはず。

しかし、誰かに人生を決めてもらったり、なりゆきで将来が決まったりした方が楽だという気持ちも、私たちの中には潜んでいます。

なぜなら、責任を負わなくていいからです。

でも、誰かに決めてほしいと思った瞬間に、自分で選択し、自分自身で未来を創造するというエキサイティングな人生は遠ざかります。

楽で、保証があるけれど、つまらない人生を選ぶのか。
冒険いっぱいで面白く、先が見えないからこそワクワクする人生を選ぶのか。
それは、あなた次第。
私がメッセージを受け取っている宇宙の存在はこう言います。

この世には、宇宙の法則はあっても、
正解、不正解はない。善悪もない。
ただ、愛があるだけ。

法則とは「やり方」のことで、善悪は「判断基準」。
善悪のない宇宙には判断基準もありません。

すべての判断は、人間に委ねられています。

では、願いをかなえるための判断基準は何でしょうか？

それは、自分が好奇心を抱くかどうか。

そして、自分自身の中からエネルギーが湧き上がってきているか。

そのエネルギーの出し方、使い方を教えてくれるのが、引き寄せの法則＝宇宙の法則です。

運命を信じている人は、運命は初めから決まっていると思っています。

でも、そうではありません。

じつは、**私たちは自分で、何通りもの人生のパターンを決めてきています。**

それも個人差があります。

ある人には、200パターンもあって行動の選択によって超細かく行く道が決まり、ある人は3パターンで、とりあえずざっくりと方向性が決まっている。

宇宙は、そう教えてくれました。

どんな職業が向いているかも、じつは決まっていません。
数ある前世の中で培った才能のどれを今世で使うかは、あなたが今世で選んだ道で決まってきます。

つまり、どんな答えも正解！

すべては、自分次第なのです。

COLUMN

もっと知りたい！ 韓国ドラマ①
ドラマはチームで翻訳することが多い

翻訳の種類は、ざっくり分けると「字幕翻訳」「吹き替え翻訳」と２種類あります。つまりドラマごとに「字幕翻訳者」「吹き替え翻訳者」がいるわけです。私は字幕翻訳もできるのですが、Netflixでは「吹き替えの翻訳」を担当することがほとんど。そしてじつは、最近のドラマ翻訳は映画の翻訳のようにひとりで担当するのではありません。**チームで翻訳する場合が多いのです。**

「天国の階段」を訳したいまから20年ほど前は、ひとりで全話翻訳できる納期的な余裕がありましたが、特に「愛の不時着」あたりはちょうどNetflixで吹き替え作品を大量に制作しはじめた頃。「急ぎで吹き替え翻訳をしてくれないか」と突然依頼されたのですが、私は他の吹き替え作品を翻訳していたタイミング。ちなみに、**吹き替え翻訳の場合は１時間の作品で１週間ほどの作業時間が必要になります。**納期に余裕があれば全話やりたいと思いましたが、体はひとつ……。結局、吹き替え版は４人での共訳となり、私は**第4、10、13、16話を担当**しました。

じっくりひとりで翻訳できるのが理想ですが、大人数での共訳のよいところは互いにチェックし合えるので勘違いによる訳し間違いが少ないところです。とはいえ、ひとりで翻訳できるスケジュールの場合は全部翻訳しています。最近では、日本の漫画を題材にしたSFホラー**「寄生獣―ザ・グレイ―」**などを全話訳しています。

3

こんなふうに韓国ドラマを観れば次々と願いはかないはじめる！

なぜ、観る前に願いを放つとかなってしまうのか？

韓ドラを、現実逃避の道具や単なる娯楽にしないための秘訣《ひけつ》があります。

それは……


「観《み》はじめる前」に願いを放つこと！


「どんな夢をかなえたいか」

「どんな状態になりたいか」

これを事前に願うのです。

大きな夢であるいつか達成したい目標でも、もっと日常的な願いでもかまいません。

たとえば、前者であれば、「○○について、いいアイデアを得たい」と願う。

後者なら、「ケンカした相手と仲直りしたい」「パワフルに動ける元気が欲しい」「クライアントへのいい提案を思いつきたい」「いい出会いに恵まれたい」といった具合。

そして、その願いをいったん忘れてドラマを楽しみます。

楽しんでいると、気分がよくなって周波数が上がります。

すると、事前に出した願いに関するアイデアが湧いたり、情報がやってきたりするのです。

このとき大事なのは、どんな状態で韓ドラを観ているか。

「また時間を浪費している」「現実から逃げてるだけだ」と感じていたら、残念ながらいい流れは引き寄せられません。

1の章でお話ししたように、**願いをかなえるのは、行動ではなくエネルギー。**

自分の状態だからです。

イライラや後ろめたさを感じながら韓ドラを観ていたら、何にもつながりません。

でも、**「喜び」や「ときめき」を感じて幸せのエネルギーが出ていたら、そのエネルギーが仕事や家庭や人間関係にいい影響を及ぼすのです。**

わかりやすい場合は、ドラマに出てきたエピソードやセリフが、願いをかなえるヒントに直結していることも。

あるいは、**観ているうちに、いつの間にか問題が解決したり、望む状態に進展したりする場合もあります。**

自分がなりたい状態（仕事、家庭、人間関係）と、観ているときの気分やエネルギー状態が一致していたら、現実は勝手に願いがかなう方向に進むのです。

韓ドラを観るときはとにかく「楽しむ」。そうすると気分が上がり、エネルギーも上がりますよ。

#「このシーンを観終わったらかなっている」と設定しよう

以前、コミュニティメンバーを募集したときのこと。

初めてだったので、ちょっと不安もありました。

そのままだと不安のエネルギーが強化され、現実化してしまいます。

そのとき、ある作品の好きなシーンがふと浮かんだので、**「このシーンを観終わったら、申込みがきている」**と設定して、ドラマを楽しみました。

すると観終わったあとに、立てつづけに3人も申込みがあったのです。


他に、こんな設定の仕方もあります。

たとえば、パートナーとケンカして気分が落ち込んでいたとします。

「あんなことを言わなきゃよかった」

「もう連絡もこないよね」

「いや、私は悪くない」

……などともんもんとしていると、エネルギーは下がるばかり。

もちろん事態が好転するわけでもありません。

そんなときは、

「あ、いまの私はネガティブになっている」

と認めます。


そして次のように設定。

「これを観終わったら、彼からゴメンねとＬＩＮＥがきているはず」

「観たあとに、仲直りのヒントを思いつく」

そして、**大好きな俳優が出ている作品を観てワクワク、キュンキュン♡ときめくことで、周波数がパッと切り替わります。**

すると、本当に連絡がきたり、仲直りのアイデアを思いついたりする確率が高くなります。

ちなみに、日々生まれる小さな願いは、引き寄せのステップ1で出した願いとは無関係に思えるかもしれませんが、そうではありません。

日常的な願いをかなえていくと、それが大きな願いに関連していくこともよくあります。

毎日、自分の気持ちを細やかに感じながら、小さなインスピレーションをキャッチしていきましょう。

日常生活でも何かする場合、シーンごとに「どうなりたいか」を放ち、設定してから、物事に取り組むクセをつけるようにするのがおすすめです。

罪悪感をもつことでエネルギーロスしていませんか？

大事なことなので、ここで確認しておきます。

韓ドラは、日常を忘れて楽しく観ましょう。

そして、観終わったあとも、その楽しい気持ちのままでいましょう。

これが、韓ドラ引き寄せの鉄則です。

先日、クライアントさんがこんなふうにおっしゃいました。

「仕事がうまくいかなくて、気分転換に韓ドラをずっと観ているけれど、罪悪感がすごいんです」

これは、非常にもったいない！

罪悪感をもつ必要は一切ありません。

また、韓ドラを観たあと、こんなふうに思うのもやめましょう。

「はあ、現実に戻らなきゃ」

「これは韓ドラの世界。現実はつらくてもがまんしなきゃ」

あなたも、リモコンの終了ボタンを押したあと、「あーあ、嫌だな」とため息をついてはいませんか？

でも**「ドラマはドラマ、現実は現実」と切り離してしまうと、エネルギーロスをしていることに。**

たとえば、せっかく素敵な〝顔天才〟男子にドキドキしたのに、ドラマが終わった瞬間に、

「それに引き換え、うちのダンナは」

と比較を始めたり、

「今月の支払いが」「明日の仕事が」

と考えたりして現実に戻ってしまうと、どうなるでしょう。

そのとたん、せっかく生まれたいいエネルギーがダウン。

「願いはかなわない」という重いエネルギーになってしまいます。

だから、たとえ現実がストレスだらけだったとしても、夢のような韓ドラの世界と切り離さない。


「現実もドラマと同じ」と考えましょう。


「どうせこんなことは起こらない」

「私の現実とは別」

とあきらめるのではなく、

「もしかして、私にもこの奇跡が起きるかも！」

「ラッキーな展開になる可能性がある！」

と、ワクワクしながら考えるのです。

引き寄せの盲点！ 関係ないところでうれしい出来事が起こる

これは盲点かもしれません。

現実と直結した行動をすることで、望む未来が引き寄せられるわけではありません。

むしろ「現実と直結する行動をしなければ」とかたくなに考えているから、エネルギーが重くなって引き寄せが起きないのです。

「つらいけれど、がんばらなければ」と重いエネルギー（周波数）で行動しているときは、いくら努力しても、現実はなかなか思うように動きません。

でも、「面白そうだから、ちょっとやってみよう！」「気分がいいからがんばろう！」と思って行動する。

あるいは、直感に従って好きなことや気分のよくなることをする。

そうしていると、現実も軽やかに動きます。

なぜなら、出しているエネルギーが軽いから。

これが宇宙の法則です。


先日、「やっぱり、エネルギーが大切なんだ」と思った出来事がありました。

長男に関することでうれしい出来事があって、「わぁ、よかった！」と喜んでいたのです。

彼の未来を思ってワクワクし、喜びをかみしめながら数日。

以前からぼんやり考えていた新規事業に関する新しいアイデアが、ふと湧いてきました。

そして、すぐにそのアイデアにぴったりの出会いがあり、トントン拍子で話が進みはじめたのです。

「うれしい！」というエネルギーを発していたら、関係ないところでうれしい出来事が起きたというわけ。

オーラの中に喜びのエネルギーがあふれて、願いの渦がすぐに大きく強くなったのですね。

このように、楽しさや喜びのエネルギーを自分から発していたら、まったく因果関係のない願いでもかなっていきます。

だから、観る前に願いを出して韓ドラを楽しんだら、あとは現実に同調しないこと。

また、ふとひらめいたら、願いとはまったく別なことをやったりしてもOK。

とにかく、韓ドラでアップしたエネルギーを持続させ、「面白かった！」という高揚感や幸福感をたっぷり味わい、シンクロニシティを起こしていきましょう。

頭の中は「お花畑」の方がシンクロニシティは起きやすい

自慢するわけではないのですが、私の日常はシンクロニシティだらけ。特に、気分がアップしているときほど、あり得ない偶然がたくさん起こっています。

大小さまざまなシンクロニシティがあって数え切れないのですが、いくつか挙げてみましょう。

◎「浄化スプレーを作りたい！」と思った翌日に、「浄化スプレーを作って販売したいから助言が欲しい」という方に出会った

◎紹介されたテレビ局のディレクターさんが、私が1週間前にコンサルをした

方の韓国語の生徒さんだった

◎ソウルで働いていた夫が仕事をやめて済州島にきたら、以前勤めていた会社の支社が家から5分のところにでき、再就職できた

◎思い立って日本に帰国したら、同じ日程で地方在住の友人も東京にいることがわかり、一緒に食事ができた

なぜ、そんなにシンクロニシティが起きるのでしょうか。

私は韓ドラをひたすら訳してきましたし、プライベートでも数え切れないほど観てきました。

だから、「シンクロニシティは当たり前」と思っています。

そして、日常でのシンクロニシティも見逃しません。

小さなシンクロニシティもきちんとキャッチして「すごーい！」と大げさなくらい喜んできました。

そうするうちに、さらにシンクロニシティが起きるようになってきたのです。

単純すぎて「頭がお花畑」に見えるかも（笑）。

でも実際、「シンクロニシティなんてない」と思っている人より、私のように「あるよね！」と思っている人の方が、見つけやすくなります。

そして、たとえそれが小さなものであっても見逃さず、

「あ、シンクロニシティだ！」

と素直に喜ぶと周波数が上がります。そしてさらに新たなシンクロニシティを引き寄せます。

シンクロニシティを肯定するエネルギー、つまり「シンクロニシティが起きて当たり前」というエネルギーが、さらに現実世界で新たな偶然を呼んでいくわけです。

まずは、韓ドラを観ながら「私にも、うれしいシンクロニシティが起きる！」

と胸を躍らせましょう。

そして、自分の身の回りで、小さなうれしい偶然がたくさん起きていることに気づきましょう。

そのためには、あれこれ考えすぎず「頭がお花畑」の方が断然いいのです。

ただし、シンクロニシティに意味をもたせすぎるのは、要注意。

「このシンクロニシティが起きたからには、きっと次にこうなるはず！」

「何か意味があるに違いない」

こんなふうに過度に期待すると、予想が外れたときにがっかりして、「やっぱり夢はかなわないんだ」と間違った思い込みに。

また、シンクロニシティが起きたからといってそれを絶対に実行しないといけないわけではありません。

実行するべきかは自分の感覚（前のめり）で選びましょう。

偶然が重なっても意味はないかもしれないし、何にもつながらないかもしれない。前のめりの感覚がなければ実行しなくてもいい。

それでもただ面白がって、喜んでいる。このスタンスが大切。

シンクロニシティは、自分が順調にいっている、エネルギー状態が整っているサインだと思うとよいでしょう。

すると、**期待していたこととは別の部分で、重要な引き寄せが起きる場合も。**

それを体験するのも、韓ドラ引き寄せならではの醍醐《だいご》味《み》です。

奇跡は予定調和を抜け出したところで起きる

ドラマの世界にどっぷり感情移入するのも、引き寄せを加速させる重要なポイント。

「私、韓ドラが嫌いなの」と言う人がいたので理由を聞きました。

「観ていると、やたら感情が動かされて疲れるから」とのこと。

その気持ちも、よくわかります。

韓ドラは「嘘《うそ》でしょ!?」と思うような展開の連続。

手に汗握るサスペンスもあれば、涙なしでは観られない悲恋物語もあります。

また、私たちの常識や道徳観を超えた登場人物にイライラしたり、驚いたりすることも。

だから、とても感情を揺さぶられます。

とても真面目な人なので、あれこれ考えて純粋に楽しめなかったのでしょう。

でも、**さまざまな展開を疑似体験して、素直に感情を揺さぶられることに大きな意味があります。**

すでにお話ししてきたように、その体験が思考の枠を外し、非日常の展開を受け入れる準備を整えるからです。

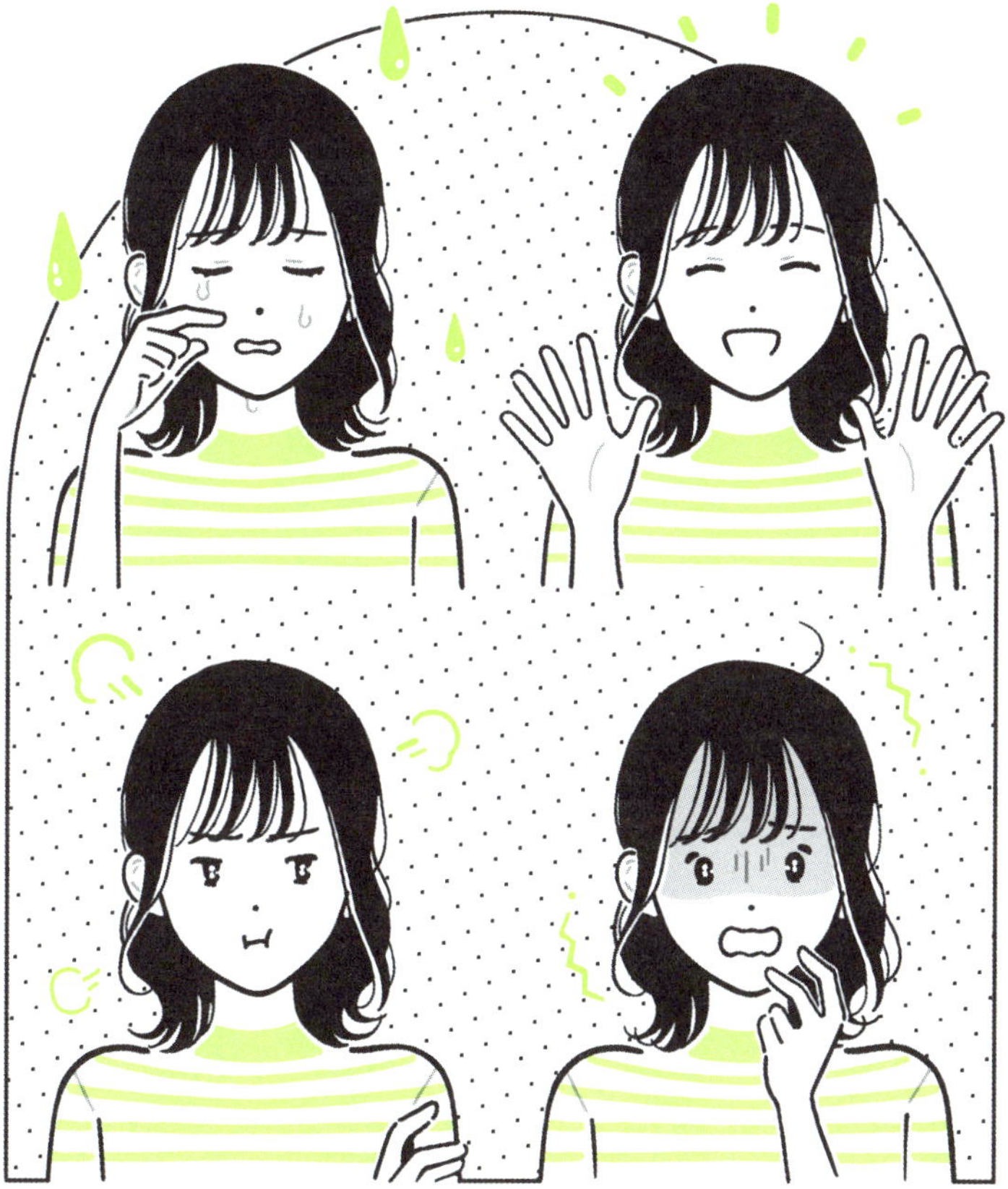

韓ドラでさまざまな展開を疑似体験！ ジェットコースターのように感情を揺さぶり、あなたの思考の枠を外してくれます。

じつは、韓ドラみたいな日常にするのを邪魔しているのは、「予定調和」を望む心。

安全を求める私たちは、「予定調和」が崩れるのは怖いと感じます。

一説によると、人類の50％は「自分で自分をコントロールしたい」「計画通りに進めたい」という欲があるのだとか。

でも、頭で立てた計画に従っていたら、頭で考えた結果しか得られません。

韓ドラみたいな奇跡が起きるのは、予定調和の世界から抜け出したとき。

だから、「現実ってこんなもの」という思い込み（抵抗）を外せば、願いはすぐかないます。

ただし、無理に外そうとしてもなかなかうまくいきません。

それより、韓ドラでジェットコースターのように感情を動かしてみる。

すると、いつの間にか常識が揺らぎ、自分への制限や思い込みが外れます。

そして、「なんでもあり！」と思えてくる。

その感覚が、奇跡を引き寄せるのです。

ネガティブな感情をしっかり味わうことの大事さ

「自分の感情にフタをしている人たち」

「モヤッとした感情を味わえていない人たち」

こんな人は、**韓ドラで悲しみや怒り、失望、焦りなどを感じてみましょう。**

すると、ネガティブな感情を避けようとした自分に気づくはず。


私たちはつい、外側で起きている現象にフォーカスしがち。

ですが、引き寄せで大事なのは「自分の感情」に焦点を当てること。

ネガティブな感情も避けずに受け止めることが重要です。

ネガティブな感情は、「ざわざわした気持ち」になってやってきます。

ドラマを観ていてざわざわしたら、自分は「悲しいのか」「イラッとするのか」「うらやましいのか」、あるいは、「腹が立つのか」「不安なのか」……じっくり感じてみましょう。

そうやって丁寧に感情を受け止めていくと、自分自身の本音に気づけます。

その本音の中に、「本当の願い」が隠れていたりするのです。

とはいえ、ネガティブな感情を探りすぎ、重くならないように注意です。

重くなりすぎたらいったんやめて、「この感情の意味を知りたい！」と願いを出し、リラックスしましょう。

すると自然に、答えがわかることがあります。

体の反応で「本当の願い」か「思考の願い」かがわかる

とても重要な韓ドラの視聴ポイントをお話ししましょう。

引き寄せを起こすときと同じように、**韓ドラを観るときにも、大事なのは「体感」です。**

たとえば、自分と誰かを比較しているときの体感はどんな感じか。

ここで少し本を置いて、「あの人に比べて、私は……」と考えているときの体の感覚を想像してみてください。

「縮こまっている」
「きゅっとなっている」
「緊張している」

「広がりを感じられない」

そういった体感になっていないでしょうか。

同じように、「私なんてダメだ」「これはドラマだから起きること」「時間の無駄使いをしてしまった」と思っていると体の感覚は収縮します。

これはエネルギーが落ちた証拠。

せっかくパワーが高まっているのに、比較や自己卑下、罪悪感で嫌な気分になり、エネルギーをダウンさせておしまいでは残念すぎますね。

そこで、韓ドラを観るときや観終わったあとで、エネルギーが落ちている自分を感じたら、**「現実はこうだけど、どうなりたい？」「何を望む？」というところまで考えを巡らせてみましょう。**

願いを考える際にも、この体感を細かく見ると、自分の本音がわかります。

1の章で、「本当の願い」と「思考で考えた願い」があるとお話ししました。

「願いがかなった未来」の自分をイメージし、体感を意識してみると、そのどちらであるかがわかります。

より拡大しているのか、それとも縮小しているのか。**「前のめり」になっているか。**それを感じてみましょう。

私たち人間には、「拡大する」という目的があります。

いまの願いによって引き寄せる未来を考えたとき、魂が望んでいるものであれば、**エネルギーがどんどん高まって、体の感覚も広がっていくのが感じられるはずです。**

逆に、いままでと同じか、いままでより縮小した感覚だったとしたら、その願いは、思考で考えたものである可能性が高いといえるでしょう。

登場人物の生き方を観て、抵抗を外そう

韓ドラからは、まだまだ恩恵が得られます。

登場人物のライフスタイルや生き方は、自分の中にある抵抗に気づかせてくれるのです。

たとえば韓ドラでは、外食や出前、お総菜屋さんを利用するシーン、あるいは、家政婦さんに家事を頼むシーンが多く登場します。

最近は、日本でもデリバリーや家事サービスが盛んですが、韓国はもっと普及しているので、ドラマでも普通に出てくるのです。

これは「疲れていても、ちゃんとご飯を作ったり家事をするべき」という固定観念を外すのに役立ちます。

また、「日本なら、そこまで言わないよね」と驚いてしまう感情丸出しのシーンも、制限を外すのに使えます。

この傾向はドラマだけでなく、韓国では一般的に見られるもの。ママ友同士の会話も歯に衣《きぬ》着せずストレート。親戚の集まりなどでもケンカしているのかと思うこともしばしば。でも、それが当たり前なので違和感はありません。

そんなコミュニケーションを見ていると、本音と建前を分けなければという日本人特有の抵抗がなくなってきます。

韓ドラの登場人物たちの粘り強さや、簡単にあきらめない姿勢も、韓国の国民性のひとつ。

たとえば役所で「これはできません」と言われた場合、日本人ならすぐ「わかりました」とあきらめませんか。

韓国の人は大抵こう尋ねます。

「そんなことはないはず。何か方法があるでしょう？」

ドラマでも、似たようなシーンがたくさん出てくるので、ぜひ意識して観てみてください。

そして、そのシーンを観た自分の心がどんな反応をしているかを、確認してみましょう。

バラエティ豊かな設定から自分の夢実現のためのデータを収集できる

韓ドラは、あなたが引き寄せたい未来の〝データ収集〟にぴったり！

個性豊かで魅力的な登場人物たちの中で、「こうなれたらいいな」とあこがれる人、「こんな行動をしたい」と思える人をチェックしてみましょう。

ひとりの登場人物の「ある一面」だけでもかまいません。

彼らはすべて、あなたのモデルになります。

これからやりたいことや勉強したいと思っていること、行きたいと思っている場所なども、韓ドラから〝収集〟できます。

韓ドラの舞台や設定は、バラエティ豊か。

たとえば起業を考えているなら起業ドラマを、働きたい業界があれば、その業界を扱ったドラマを見れば、イメージが湧きやすいでしょう。

または、子育てに悩んでいるならホームドラマから、パートナー募集中なら恋愛ドラマからデータが得られます。

さらに、韓ドラは流行に敏感。

登場人物は、ビジュアルだけでなく、センスもいい！

ファッションの参考にもなります。

特に、財閥系ドラマでは、ラグジュアリーなハイブランドの服やジュエリー、優雅な立ち居振る舞い、日常からかけ離れたスタイリッシュなインテリアなどが観られます。

　これも未来へのデータとして活用できますね。

「わぁ、いいな！」「私もこんなふうになりたい」

　そう思ったあとは、実行に移すことも大事。

　とはいえ、すぐに「完コピ」はできなくても大丈夫。

　データとして保存しておきましょう。

　そして、リラックスタイムにワクワクしながら観たり、エネルギーが落ちたときに観返したりしてパワーチャージ。

　すると、いつでもどこでも、韓ドラが望む未来へ連れて行ってくれます。

あきれてしまう設定でもなぜか気になる理由とは？

「なりたい自分」のモデルとはいえ、「ここまでやるのは無理！」とあきれながらも、なぜか気になるシーンはありませんか？

そこには、自分では意識していなかった望みが隠れていることもあります。

たとえば、韓ドラに出てくる中流階級以上の家には、特大サイズの家族写真やウェディング写真、自分の等身大パネルや肖像画がよく飾ってあります。

あるクライアントさんは、そんなシーンを観るたびに

「自分の姿をパネルにするなんてあり得ない！」

とあきれていたそうです。

でも、よく考えてみると自分もきれいにメイクし、着飾って写真を撮りたいという願いがあったのです。

結局その方は、きれいなドレス写真をスタジオで何枚も撮り、素敵なフォトブックを作りました。

「おしゃれをしていいのだ」と自分に許可を出せ、ドラマの中の特大パネルもまったく気にならなくなったそうです。

あなたも、なんとなくひっかかる場面がないか、意識しながら観てみましょう。

すると隠れていた願望を発見でき、どんどん自由になっていけるでしょう。

復讐ドラマをよく観る人の理由とは？

無意識のうちに観ているドラマが、じつは、自分が抑えている感情を反映していたということもあります。

こんなことがありました。

「最近、復讐《ふくしゅう》ドラマをよく観ているの」

こう話す女性がいました。

くわしくその理由を探っていくと、「ある同僚に腹が立つことが多いけれど、怒るのをがまんしている」ということでした。

なぜ相手に対して怒らないのか、その理由を尋ねてみました。

当初、はっきりした答えは返ってきませんでした。

でも話しているうちに、「怒ったら、自分が嫌な気持ちになる」と無意識で思っていたと気づいたと言います。

だから実際に怒るかわりに、登場人物が怒りを爆発させたり、相手を懲らしめたりする復讐物を観て疑似体験し、スッキリしていたのです。


自分が職場で怒りをがまんしていたと気づいた彼女。

いままでと違った行動を取りました。

同僚に初めて、自分の考えていることを冷静に伝えたのだそうです。

すると、相手は驚きながらも、彼女の意見を受け入れてくれたとのこと。

その体験を通して、彼女は気づきました。

「怒っても嫌な気持ちになるわけではない」

「自分が人間関係の主導権をもつことが大事」

その後、長年わだかまりのあった同僚との関係がよくなり、怒りを感じることもなくなったそうです。

こんなふうに、自分の観ている韓ドラの傾向が、潜在的な感情を教えてくれる場合もあります。

観たくないジャンルでわかること

一方で、「観たくないドラマ」が、自分の状態に気づかせてくれることもあります。

恋愛物を一切観ないというクライアントさんがいました。

「夫とは家庭内別居中で日常にもときめきなどない」とのことでしたが、本来のオーラは、花びらのようなピンクと黄色で女性性にあふれていました。

また、ファンタジー物は観る気がしないというクライアントさん。

彼女は、起業して4年目で仕事に追われていましたが、本当は妄想や空想が大好きでした。

さらに、ホームドラマは避けていると言う人は離婚訴訟中で、夫といい家庭を築けなかったことを悔やんでいました。

でも本当は、恋愛物を観ないという方は、**ラブロマンスを観て女性性を輝かせることが幸せにつながります。**

また、妄想好きであれば**ファンタジー物を観て、どんどん空想を膨らませた方がエネルギーは広がります。**

家庭がうまくいかなかったら、**ハートウォーミングなドラマを観た方が新しい縁に恵まれやすくなります。**

もしかすると、そういったドラマを観ると、後悔や焦り、悲しみなど、嫌な気持ちが湧いてくるかもしれません。

でも、その感情を味わったあとに、

「悲しいけど、これからどうしたい？」

「本当は何をしたい？」

そう自分に聞いてみると、胸に秘めた願いを出しやすくなります。

あなたがふだん観ているドラマ、あるいは、観ていないドラマの傾向はどんなものでしょうか？

一度探ってみると、自分ひとりでは気づけない願いにも、光が当たるかもしれません。

即効でエネルギーを上げてくれる「好きなシーン」だけ視聴

この章の最後に、即効でエネルギーを上げてくれる観方をお教えしましょう！

数分でも、数十分でもかまいません。

お気に入りのドラマの好きなシーンや、気持ちが上がるシーンだけを切り取って観ます。

このとき事前に、

「観終わったあとは、最高の気分になっている」

「不安が収まり、元気になっている」

などと、設定します。そして、

「この10分だけ、楽しい感情を味わい尽くす」

「このワンシーンを楽しみ切る」

こう決めて、ドラマの世界を堪能します。

すると、観終わったあとはスッキリして、エネルギーが高くなっているはず。

こんなふうに、観終わったあとの感情を設定して韓ドラを観て、乱れたエネルギーを整えて周波数を上げる訓練をしていきましょう。

ここでのポイントは、「あらかじめ設定する」こと。

日頃、気分転換する際にも「どういう気分でいたいか」を設定すると周波数が上がり、引き寄せが加速します。

日常の中で「自分のエネルギーを上げる」と意図して実際に上げる行為が小さな望みを引き寄せ、その積み重ねが、大きな望みの引き寄せにつながるのです。

小さな引き寄せが起きたら、

「私が○○を願ったから、かなったんだ」

と、そのつど認識しましょう。

ちょっとした現実化でも流さず、一回ずつ言語化しましょう。

すると、成功体験がどんどん増えていきます。

結果、「私が願えばかなう」と意識づけができ、引き寄せ体質を作っていくのです。

COLUMN

もっと知りたい！ 韓国ドラマ②
翻訳の下訳って何？

いまでこそ、韓ドラはメジャーになり、韓日の字幕や吹き替えの翻訳者は大勢います。しかし、**2000年頃は直で吹き替え翻訳ができる翻訳者はいませんでした。**私が「韓ドラの翻訳者になりたい！」と願ったのは、2000年の初め。ちょうどその頃日韓共同開催のサッカーワールドカップに向け、文化交流が盛んになっていたときでしたが、地上波で韓ドラが放送されることはほぼありませんでした。大学に通いながら、たまに入る単発の翻訳の仕事をしつつ、「連続ドラマの翻訳がしたい」と願っていたある日、バイト先のカフェでお茶を飲んでいたら、登録していた翻訳会社から電話が入りました。雪がぱらつく中、外に出て電話に出ると……想像を超えるお仕事の依頼。**なんと「冬のソナタ」の下訳をお願いできないかと言うのです。**

下訳とは吹き替え台本や字幕にする前に、いったん脚本のすべてを訳す作業のこと。英日の場合は直で吹き替え台本や字幕にできる翻訳者が多いのですが、タイ語やベトナム語、ロシア語など希少言語の場合は、そういった翻訳者がほとんどいません。そのため下訳を頼み、それをもとに吹き替え台本や字幕を作るのが普通なのです。**当時の韓国語もそうでした。**

すでに新大久保でビデオをレンタルして、その面白さや魅力を知っていた私。**「このドラマは絶対にヒットする！」**という根拠のない確信があり、実際そうなりました。これ以来、私は映像翻訳の面白さに目覚めていったのでした。

4

もっと上手に引き寄せするための実践術

安心してリラックスしているとき、人間のエネルギーは強くなる

最終章では、引き寄せの実践に役立つ情報を深掘りしていきます。
エネルギーを上げるために真っ先にしてほしいこと。それは、

安心して過ごすこと。

怖《おそ》れや不安がある状態で何かを望んでも、その状態が現実化するだけです。
何はさておき、自分自身を安心させてあげましょう。

たとえば、「お金がない」と不安に思っている状態で、お金を望んでもダメ。

まずは、ほんとにお金がないのか。

実際、いくら必要なのか。

自分の現実を見てから、お金が入る手段をすべて考えてみましょう。

すると「こうすれば大丈夫」と思える手段が見つかるはずです。

そうすれば、怖れの周波数から、ホッとする周波数に変わります。

そこから、具体的にいくら欲しいかを考え、願いを放っていきます。


安心感をもって過ごすと、自動的に私たちの生命力は高まります。

リラックスしているときや安心しているとき、人間のエネルギーは軽く、強くなるからです。

そして、引き寄せ力も高まります。

だから何はさておき、リラックスして生命力を高めることが大事なのです。

では、ストレスフルな日常で、どうすればリラックスできるでしょうか。

お金の例のように、不安な状態を一つひとつ解きほぐすのも大切です。

しかし、すぐに安心感を得られる方法があります。

それは、自然に触れること！

ゆっくり休んだり、お茶を飲んだりするのもいいのですが、自然の中にしばらく身を置いているだけで、人はおのずとくつろげます。

そして生命力が高まり、発するエネルギーが強くなります。

生命力＝周波数の強さ。

これを覚えていてください。

同時に自然は、私たちをグラウンディング（地に足をつけること）させてくれます。

それで、ますます太くて力強いエネルギーを発信できるようになり、願いがかなうタイミングも早まるのです。

海や川、森、高原、山など自然豊かな場所でゆっくりするのがベスト。

自然豊かな場所でゆっくりすることであなたのエネルギーは強くなります。

ですが、近くに自然が感じられる場所があれば、そこでもＯＫ。
日常の中で自然に触れる機会を増やし、休日などを利用して、ふだんは足を運べない場所へ出かけるといいでしょう。

1の章で、地球から発信されている記号（エネルギー）は「ゴマ粒」よりも小さいとお話ししましたね。

特に、都会から発せられる記号は弱くて小さいのです。

それに引き換え、**自然豊かな土地では、とても力強く大きいのです。**

たとえば、都会が「ビー……」と弱々しいエネルギーなら、田舎からは、「ビ――ッ！」と強いエネルギーが発信されているのです。

そんな土地でエネルギーを浴びていると、そこにいる人間のエネルギーが太く強くなるのは当然ですね。

さらに、自分が発信する周波数を上げると、宇宙から降り注いでいる強力なエネルギーをキャッチしやすくなります。

太く強いエネルギーを出せる効果もあります。

潮干狩りが引き寄せた「愛の不時着」

いまの私があるのも、自然に触れる時間を増やしたおかげです。

以前の私は、翻訳の仕事で頭はつねにフル回転。

フリーランスなので、仕事とプライベートの区別がなかなかできず、納期に間に合わせるためにゆっくり休むことなどできませんでした。

周りに影響を受けやすいタイプだったので、人の期待を敏感に察知し、それに応えるため、人の何倍も働いていました。

その頃は、自分が何を望んでいるのかわからず、やりたいことなど一切出てきませんでした。

Prologueでも少しお話ししましたが、心身ともに追い詰められてうつ状態に。

これではいけないと、下の子どもたちが小学校に上がったタイミングで、長崎県五島の自然の中で暮らすことを選択しました。

翻訳の仕事も休業し、**現地で働きながら五感で自然を感じる時間を増やしていったのです。**


その後コロナで済州島に移り住んだあとは、約半年間、子育て中心の生活を送り、**時間があれば潮干狩りばかりしていました。**

済州島は美しい海に囲まれています。

直感に従って出かける海岸を選んでは、砂を掘る毎日。

家族との絆《きずな》も深まり、充実した時間を過ごせました。

そして、半年過ぎた頃に「翻訳の仕事がしたい」と願ったら、**1週間後に4年も音信不通だったクライアントから連絡があり、「愛の不時着」のオファーがきたのです。**

いま思えば、海は浄化のエネルギーです。しかも、火山（玄武岩）の土地のパワーが（しゃがんでいるので）丹田に直に入ってきて、引き寄せ力がアップしたのでしょう。

ですが当時の私は、自分の直感に従っただけ。

でも、あまりにも引き寄せが早かったので、自然が与えてくれる恩恵に驚きつつも感謝したのでした。

生命力を上げるために、**何もせずぼんやりする時間や体がゆるむ時間を作るよう意識しましょう。**

「行動するのが正義」といわれる世の中で、私たちはなかなかリラックスしたりゆるんだりする時間をもてません。

だから、これはもう「クセづけ」です。

義務的に1日の一定時間をリラックスするために費やしましょう。

子どものまっすぐさを見習おう

引き寄せのお手本は、雄大な自然の中で暮らす人たちや子どもたち。

彼らは、とても生命力に満ちています。

特に、子どもたちは生命力に満ちていて周波数が高いのです。

ですから、まっすぐに力強く望み、すぐに願いがかないます。

そんな子どものまっすぐさを見習いましょう。

思考の声を抑えて、子どもの頃のような楽しさを感じながらエネルギーを出すことが願いをかなえるコツです。


子どもは、目の前の興味があることを、ただやっています。

そこに理由はありません。
私たちも、本当に楽しいときは子どものように無邪気に楽しめます。

目の前のことをやるのに何の努力もいりません。

「努力する」という言葉が出るのは、つまり「努力しないと、できない」ということ。

理由が必要になるのは、「ただ好き」ではない証拠。

「○○のために」やると、頭で納得させているだけ。
「好き」という気持ちに素直に従っているときは夢中になり、腹の奥底から湧き上がるエネルギーを感じます。
そんなふうに、純粋に夢中になれるものを見つけましょう。

「強い願い」は敷かれたレールさえ軌道修正してしまう

しかし、日々ルーティンの毎日を過ごしていると、「このままでも、いっか」「あれこれ望んでも仕方ない」と、あきらめモードになりがち。

子どものように「あれ欲しい！」「これ欲しい！」とストレートに願うなんて無理だと、あなたは思っているかもしれません。

当然ながら、そう考えていると強い願いは放てないし、大きな願いはかないません。

日頃、ある程度満たされた生活をしていたら、願いすら出してない状態かもしれませんが、**願いをかなえる絶対条件は「強く願うこと」**。

善し悪《あ》しは別ですが、韓国は格差社会。

比べて日本は、いいことでもあるのですが、ぬるま湯につかっている状態。

そこに甘んじていると、「まぁ、いっか」と言っている間に一生が終わる可能性もなきにしもあらず……。

韓ドラの主人公たちの「逆境から抜け出したい！」「成功したい！」というハングリー精神を見習っていきましょう。

心からの願いを放って高い周波数を出していけば、願いは必ずかないます。

「愛の不時着」では、北と南に別れたふたりが再会するという奇跡も起こります。

本来なら、もう会える可能性のないジョンヒョクに、セリはずっと会いたいと願いつづけてきました。

そのジョンヒョクが、セリの前に突然現れるのです。

セリ　信じてた。リさんだったら、きっと私を見つけてくれるって。でも、そうはいっても、どうやって、ここに……。大変だったわよね。危険だったろうに、どうやってここまできたの？

ジョンヒョク　列車を乗り間違えた。そしたら着いたんだ。**きたいと願いつづけた、この場所に。**僕の目的地に。

心から会いたいと願う。会えると信じる。

その思いがかなって、ふたりがようやく再会できた瞬間は感動的でした。

強い願いは、あらかじめ敷かれたレールさえ修正してしまう。

そんな力をもっていると教えてくれます。

願いを放ったあとは、自力でかなえる必要はない

ただし、願いを発信するとき、「かなうかどうか」をセットで考えはじめるとうまくいきません。

私たちはいつも、願いと結果を結びつけてしまいます。

身近なところでいえば、誰かに自分の希望を伝える際にも、

「どうせ、わかってもらえない」

「きっと相手は、私の願いを聞いてくれない」

と、最初からあきらめてしまっている。そんな場合が多いのです。

すると、あきらめのエネルギーがそのまま現実化されることに……。

ある人がこんなことを言っていました。

「パートナーに〇〇してほしいと願っているけれど、どうせ無理。だから、あきらめている」

これは、「無理」という現実を強く願っていることになります。

言葉通りの現実が目の前に現れます。

「どうせ」と思いながらエネルギーを発信していたら、けっして願いはかなわないのです。

現実はどうであれ、「自分の願いは〇〇だ」とまずしっかり認識しましょう。

つい忘れがちですが、

願いを放ったあとは、自力でかなえる必要はないのです。

伝えたという事実に満足して、「満足」「幸せ」というエネルギーを出していれば大丈夫。

願いを放ったあと、あなたの願いがかなう一番の早道を教えてくれるのが「直感」です。

潜在意識はすべてを知っているので、直感を通してその道筋を教えてくれます。

ところがやっかいなのは、ときどき
「そんなことしたって願いがかなうわけないよ」

「この直感、願いにまったく関係ないよね」

と、一蹴したくなる「よけいな思考」が入ってしまうこと。

それでも、その直感に忠実に従えるか、自己信頼できているかが問われます。

自己信頼は「自信」とは別物。

じつは、願いをかなえるには、自信がなくてもいいのです。

本当に必要なのは、自己信頼。

私も翻訳を20年やっていますが、作品の翻訳を請け負うとき「できるかな」「間に合わないかも」という気持ちになり、まったく自信がありません。

でも、**いままでにちゃんと締切りに間に合わせてきた自己信頼はある**ので、「心配だけどできる！」と信じて依頼を受けています。

トライアンドエラーを繰り返す中で、徐々に培われるのが自己信頼。

直感を信じて行動したのに、特に変化がなかったとしても、「直感に従った」という自己信頼は得られます。

結果にこだわらず、インスピレーションを大事にしていきましょう。

小さな直感に丁寧に従うと、大きな引き寄せにつながる

毎日訪れる小さな直感や欲こそ、大きな引き寄せにつながります。

「あのカフェに行きたい」

「一休みしたい」

「散歩したい」

「これが食べたい」

こんな日常的な直感に忠実になりましょう。


先日、YouTuberの友人が面白い話をしてくれました。

テレビに出ることが夢だった彼女。

自分なりにいろいろ働きかけますが、テレビ出演にはつながらなかったとか。

そんなある日、突然、ある人気動画配信サービスから帯番組の依頼が！

テレビではありませんが、認知度が高まることに変わりはありません。

収録当日、彼女は放送作家さんからこう尋ねられます。

「×月×日に○○という立ち食い寿司屋《すしや》にいませんでしたか？」

その作家さんは、その日、彼女の隣に立ってお寿司を食べたとのこと。

「そういえば……」と、彼女は当日のことを思い出しました。

とある出版記念パーティーに呼ばれていた彼女は、**途中でどうしても帰りたく**

なってパーティーを中座。

おなかがすいていたので、お寿司でもサッと食べて帰ろうと思って寄ったのが、そのお寿司屋さんだったのだそうです。

一方、その放送作家さんは以前から彼女の動画を観《み》ていて、気になっていたのだとか。

「ここで出会ったのはきっと運命!」と、依頼をしたのでした。

運命の偶然を引き起こしたのは、「帰りたい」「食べたい」という小さな欲求だったわけです。

その小さな欲を「このくらい、がまんしなきゃ」とスルーしていたら、新しい扉は開かなかったのです。

「○○をしたくない」「あそこに行くのは、なんとなく嫌」といった、一見ネガティブな直感も、なるべく見過ごさないようにしましょう。

その一つひとつを大切に感じ、できる限り行動に移していくことで、自分への信頼が高まっていきます。

スモールステップで進み、抵抗を乗り越える

直感に従うとき、邪魔をしてくるのが思考の声。

そう、抵抗です。

願った現実を引き寄せるには、それを越えていかなければなりません。

でも、いままでずっと思考に従って判断してきたのに、その声を無視して行動するのは怖いですよね。

何の保証もない直感に従ったらどうなるのかと、不安になるでしょう。

「自分には無理」

「これをやって意味があるの？」

こんな声が聞こえてきたら、まずは、小さな一歩、スモールステップを踏み出しましょう。

いまの自分ができそうな行動を一回やってみるのです。

「飲みたいと思ったお茶を飲む」

「読みたいと思った本を読む」

そんなところからでかまいません。

いきなり8段の跳び箱を跳ぶのは怖いけど、一段ずつ跳びながら増やしていけばクリアできる、そんなイメージです。

「いまできることは何かな」と考え、ひとつずつやっていきます。

すると「私にもできた」という自己信頼が生まれます。

また、いい気分になってエネルギーが上がり、新たな直感が湧いたりうれしいシンクロニシティが起きたり……と、直感に従って大丈夫だとわかるはずです。

それを続けていけば、どんどん思考の声や常識、「保証が欲しい」といった気持ちから自然と離れられます。

そして、古い思考とは反対の方向に、軽やかに進んでいけます。

隠れていた才能にスイッチが入ったり、新たな人や場所との御縁が始まったりして、**自然に、放った願いがかなうステージへ行けるのです。**


スモールステップで進みつづけるうちに、本当に望んでいることであれば、小さな願いならすぐにかなうようになるので楽しみにしていてくださいね。

「小さな願いだけ？」と思うかもしれませんが、最初はスモールステップで成功体験を重ねるのが成功の秘訣《ひけつ》。

大きな願いをかなえたいなら、強く願って、さらにエネルギーをたくさん出しつづけます。

そのうち、大きなチャレンジをしようと決断したり、新しい自分に変わろうと決意できたりするようになりますから。

「願いをかなえるには、決めることが大事」とよく聞きますが、小さいことも決められないのに、大きなことが決められるわけはありません。

大きな決断の方が、怖れも大きいから当然です。
でも、小さな決断と小さな成功の積み重ねが、以前はできなかった決断を可能にするのです。

人生は、選択の連続で作られています。
あなたは、日々の選択をどこでやっているでしょうか。
毎日の選択を、思考の声でやっているのか。
それとも、直感に従ってやっているのか。
つねに意識していくことが大事です。

その願い、執着になっていませんか？

韓ドラの登場人物たちは、いい意味で、相当しぶといですよね。

失敗してもくじけず、最後まで意思を貫き通そうとします。

あきらめずに挑戦しつづけたら、かなうのは当たり前ですね。

もし一度失敗したぐらいであきらめてしまうのなら、それは、強い願いではないのです。

でも時には、自分では絶対にかなえたいと思っている願いが、じつは単なる執着になっている場合もあるので要注意。

夢や目標は、そのときどきで変化して当然。

でも、「一度決めたのだから、何が何でもかなえなきゃ」「これが私の夢だから」と固執してしまうケースがあります。

単なる執着か、それとも粘り強く取り組んでかなえるべき願いかの見極めは、3の章で本音を探ったときのように「体感」を使いましょう。

願いに執着している場合、体感が重く、胸のあたりにネガティブな感情やモヤモヤを感じたりします。

また、その願いをかなえたいと思うと、下に引っ張られるような感覚を覚えたりすることも。

そういったときは、無意識で「かなわないかも」と思っているので、不安や焦りがつねにあり体感が重くなるのです。

でも、「もういいか」と願いを手放すと体がフーッと軽くなり、ホッと安心したり、スッキリしたりします。

もし自分の願いがどちらか判断できない場合は、**「この願いを手放したら？」と想像し、そのときの体感を見てみるといいでしょう。**

ただし、「これは執着なんだ」と気づいて**あきらめたとたん、その願いがかなう**こともあるのが、エネルギーの面白いところ。

「婚活をあきらめたとたん、結婚できた」

「このオーディションで最後と思って臨んだら、合格してスターになった」

こんな話を聞いたことはありませんか？

こんなケースが起こるのは、執着がなくなったことでエネルギーが軽くなったから。

それで、現実がスルッと動き、望んでいた状況を引き寄せるのです。

いずれにしても、重いエネルギーを発信していてはかなうことはありません。

自分がどんなエネルギーを出しているのか、つねに意識しておきましょう。

不幸は風邪を引くのと同じ

私たちのエネルギーは、本来とても軽やか。
いつも体感が軽い状態が「あるべき姿」です。
ホッと深呼吸して気持ちいいと感じている。
体感が広がりつづけている。エネルギーが湧いている。
それが、スタンダード。人生の流れに乗っている自分です。
不満や不安を抱えると、そこからずれてしまい、体感は重くなります。
そう、風邪を引いたときのように。
「トッケビ」のヒロイン、ウンタクは自分の不幸を風邪にたとえました。

家を失って学校でもつらい目に遭ったウンタクが海で泣いていると、まるで彼女の人生のように雨が降ってくる。

そこに現れたシンが傘を差し出し、「なぜこんなところに？」と尋ねる名シーン。ウンタクはこう答えます。

ウンタク　不幸だから。風邪と同じよ。

シン　何が？

ウンタク　私の不幸。やっと治ったと思ったら、またかかる。

不幸は風邪と同じで、何度もかかると言うウンタク。

でも、ウンタクはまだ、不幸が風邪を引いたような苦しい状態だとわかっていました。

不幸に慣れていたわけではなかったのです。

彼女のように、自分の状態にいつも注意を払っていましょう。

自分の望まない状態が続くと鈍感になって、自分があるべき姿でないことに気づけません。

そしてほとんどの人は、**「重い状態が当たり前」**と思っています。

喜んだり、リラックスしたりして体感が軽いのはほんの一瞬で、特別なものだと思っています。

よりよい人生に変えていくためには、日々の体感を軽くすることが必須。

しかも、特別な一瞬ではなく、毎日つねに軽い。

これが目指すべき状態です。

「梨泰院クラス」セロイに学ぶ「なったつもり」

私たちのエネルギーは本来軽いので、**もし重いとしたら、進むべき流れからずれているる**といえます。

ふだんのエネルギーが軽くなると、ちょっと体感が重くなるだけで「あれ、おかしいな？」と立ち止まれます。

そして、すぐ対処できるようになります。

自分の中にある抵抗を発見して手放したり、「疲れているんだ」と気づいて休息を取ったりできるようになるのです。

それができるようになれば、上手に軌道修正しながら進んでいけるでしょう。

ちなみに、エネルギーが軽くなると、自然に人生のステージもアップしていきます。

それに従って、埋もれていた古い価値観や思い込み、怖れなどが浮かび上がり、体感を重くする場合も。

そういった過去の概念やとらわれは、気づいた時点で手放していきましょう。

「この重い感情は過去のもの」と認識して、もう必要ないと思えばＯＫ。

その繰り返しで、エネルギーはどんどん成長・拡大していきますよ。

さらに、現実より先に**「なったつもり」でエネルギーを出すことも重要です。**

「梨泰院クラス」で、ライバル企業の専務は、自信満々のセロイに対してこう言いました。

専務　もう手に入れたように言うのね。

セロイ　**そうやって生きてきたので**（原語：自信があるので）。

セロイは、先に「手に入れたあとのエネルギー」を出していたから、現実化していったのです。

「自分がどんな姿でいたいか」「どんな現実が欲しいか」をつねに考えましょう。

必ずしも、セロイのような壮大な野望でなくても大丈夫。

たとえば、「疲れていない自分」「家族に対して笑顔でいられる自分」でもいいし、あるいは、「心地よい人間関係に囲まれた現実」でもいい。

他人ではなく、「自分に対して堂々といられる自分になる」といった願いを放ってみるのもいいかもしれません。

自分軸で発する願いは、他者の影響を受けずに生きるための第一歩になります。

エネルギーを上げるおすすめアクション

エネルギー（周波数）を上げるために、好きな韓ドラを観るほか、日頃取り組めるアクションをご紹介していきましょう。

定期的に砂糖を断つ、断食をする

定期的に砂糖を断ったり断食したりすると、発信されるエネルギーが上がります。じつは、砂糖は宇宙とのつながりを阻害する要因になるともいわれ、エネルギー的に見ればジャンクな調味料。

ただ、ジャンクといっても、**本質的には善悪は存在しません。**

自分が何を選択するか。それだけです。

完全にシャットアウトするのではなく、定期的に断つということが大事。断食も、エネルギーを上げるには効果的ですが、専門家の指導を仰ぎましょう。

ヨガや瞑想をする

ヨガや瞑想《めいそう》は、精神修行のひとつとして広がっていますが、体のエネルギーを上げるのに役立ちます。

毎日のルーティンに取り入れていると心身ともに安定していくでしょう。ただし無理は禁物。ストイックにやりすぎるとむしろエネルギーは落ちていきます。

瞑想を習慣化すると、スケジュール管理がとても楽。**頭であれこれ考えてスケジューリングしなくても、そのときにすべきことがひらめくようになり、**ストレスなく時間も効率的に使えるようになります。

悩みや心配事をノートに書き出す

生命力を上げるには、思考の整理も欠かせません。

頭の中がごちゃごちゃしていたら、エネルギーは散漫になってしまいます。

悩みや焦りがあったら、**なぜ自分は悩んでいるのか、なぜ焦っているのかを書き出してみましょう。**

人間関係の悩みであれば、誰とどんな状況にあるのか、どんな気持ちなのか。金銭的な悩みであれば、自分はどんな経済状況で、いくら必要なのか。具体的に書き出していきます。すると、頭の中でモヤモヤしていた感情が整理され、スッキリするはずです。

エネルギーの高い食べ物を摂る

果物や野菜など、高い周波数の食べ物を摂るだけでサッとエネルギーが変わる場合もあります。肉やジャンクフードは周波数は高くありませんが、グラウンディング効果があります。**すべてはバランス。**肉体があるかぎり、グラウンディングは必要。自分の状態や感覚に従って調整していきましょう。

五感を満たす

大好きな音楽を聴くことはエネルギーが高まりますね！

エネルギーを変える方法は他にもあります。自分のエネルギーが落ちていると感じたら、**五感を中心に整え、生命力を上げていきましょう。**

◎心地いい音楽や音に触れる

◎好きな香りのアロマ（やお香）を焚《た》く

◎水に触れる（海や川などの水に触れる、お風呂に入る、手を洗うなど）

◎散歩に出かける

親との関係を見直し、自分で自分の人生を選ぶ

ここからは、親子などの身近な人間関係や、そこにまつわる感情について掘り下げて考えていきましょう。

「引き寄せと関係あるの？」と思うかもしれませんが、大ありです。

多かれ少なかれ、私たちは育ててくれた人（親）の影響を受け、大人になるまでにかけられた言葉によって、信念や人生のパターンが形成されています。

そうやって形作られた考え方や観念が生きづらさを生み、引き寄せをはばんでいる場合も、ときおり見かけます。

大人になっても親の影響から抜けられず、主体的に人生を生きられない。そんな人が少なからずいるのです。

だから、自分の人生を自分自身で作るには、どこかの段階で「親に振り回されない自分」になると決意する必要があります。

けっして、親不孝をしろといっているわけではありません。

親の影響から自立した自分になる必要があるということです。

そこで初めて、「自分で自分の人生を選ぶ」という創造のステージに入っていけるのです。

「今日もあなたに太陽を」は、精神科の看護師と患者の温かな交流を描いたドラマ。

精神科の看護師、ダウンが担当する躁鬱《そううつ》病の女性患者は、母親が望むように生きて、そして結婚し、裕福に暮らしていました。

そんな彼女を見て「（希望通りの）何不自由ない暮らしなのに、なぜ病気になるんだろう」と不思議がるダウンに、男友達ユチャンはこう言います。

ユチャン　本人が望んだ？　大事なのは、本人の意思（で生きている）かどうかだろ。アヒルでいる方が幸せさ。**幸せとは、自分の思うように生きることだから。**

幸せとは思うように生きること。

まさに、その通りですね。

他の誰でもなく、自分の中から湧いてくる欲求こそが、魂の成長に必要な経験を与えてくれます。

親の影響から離れて、自分の意思で新しいことにチャレンジできれば、精神的にもエネルギー的にも、飛躍的に成長できるでしょう。

その成長が、望むものを引き寄せる体質を作るのはいうまでもありません。

さらにいうなら、自分が必要とする経験を自分自身に与える作業は、生まれる前に決めてきた「魂の計画」を実践することにつながります。

そのプロセスの中で、**私たちは自分の本当の実力を知り、みずからへの誇りや信頼を培えます。**

そして、魂とより深くつながり、充実した人生を歩んでいけるのです。

そのためにも、親の影響から抜け出す必要があるのです。

しかし残念ながら、自分の子どもを思い通りにコントロールしたいという欲望をもっている親は一定数います。

だから、本当の願いに沿って望み通りに生きるには、親から自立すること。

心の中で境界線を引くことが重要です。

よく「親に感謝するように」といわれますが、わだかまりがあってできない場合もあるでしょう。

そんなときは無理をする必要はありません。

親への感情をノートなどに吐き出し、心の中で決別し距離を置いてください。

ここでも、親に対してしっかり自己主張する韓ドラの登場人物たちを参考にしましょう。

「良くも、悪くも、だって母親」は、母親との関係に葛藤する子どもの成長を描いたドラマ。

夫の死因を突き止めるため、息子ガンホを検事にさせたいと無理に勉強させる母親ヨンスンが登場します。

大学入試の日、恋人が事故に遭い、試験を受けられなかったことを怒鳴りつけるヨンスンに対して、ガンホが言った言葉。

ヨンスン　他人のために人生を棒に振らないで。
ガンホ　僕の人生なんてあるんですか？
ヨンスン　何？
ガンホ　母さんの人生でしょ。いい加減うんざりする。
息が詰まって死にそうだ。
勝手にレールを敷いて僕を苦しめないで。
父さんの死は僕のせい？
（中略）
ガンホ　その通り、母さんは悪い人です。

このように、親がどう受け止めようと、自分自身がはっきりと意思表示をすることで、それまでの支配から心理的に抜け出せます。

ちなみに、**女性性をうまく発揮できなくて苦しんでいる人は、母親との関係に原因がある可能性も。**

その場合は意を決して、いったん距離を置いた方がいいかもしれません。

なぜなら物理的に離れないと、母親の影響からは離れられないから。

親に影響されている人は、何かしらのメリット（経済力、子育てに対する協力、精神的な依存、いい子どもと思われたい、親不孝と非難されたくない）を得るために、影響を受けることを許しているかもしれません。

一度、母親から得ているメリットと引き換えに、どんな影響を受けているかを考えると、母親と距離を置けるようになるでしょう。

過去は癒さなくていい

親子関係や感情の話になると、

「過去を癒すにはどうしたらいいでしょう」

「トラウマがあると、幸せを引き寄せられませんか」

という質問を頂きます。


でも、「過去を癒さなくては」

と考えなくても大丈夫。


何かを癒すためには「癒す対象」が必要です。

すると、永遠にその対象が存在しつづけることになりますよね。

ただし、過去を「思い出すこと」は必要。

まだ消化し切れていない過去も含めて、自分のこれまでを思い出し、そこからいまの願いを出していきます。

「過去の出来事を感じながら、忘れていた願いを思い出す」といった方が正確かもしれません。

むずかしければ、「いま」に集中して願いを出しているだけでも、自然に過去の感情が出てきます。そのつど、感じて手放していきましょう。


一時期、過去を癒すセラピーや本がブームになったことがありました。

当時は、セラピー的なアプローチが必要だったのだと思います。

ですが、もうひとつ要因があると私はとらえています。

かつては、この本で紹介している**「願いを放って、高いエネルギーを出しつづければかなう」**という法則が秘密にされていました。

あるいは、一部しか伝わっていなかったり、正しく伝えられていなかったりしたのです。

だから、願いをかなえる方法がこんなにシンプルで簡単だとは、誰も思っていなかった。

それで、過去を癒す必要があるのだと考え、さまざまな療法やメソッドが生まれた……。結局、人間がすべてを複雑にしていたわけですね。

怒りはぶつけるものではなく、感じるもの

ここで改めて、感情を味わい切ることの大切さを考えてみます。

私たちは子どもの頃から「怒るな」「泣くな」「がまんしろ」と言われ、感情を表に出さないようしつけられてきました。

だからいつの間にか、自分の感情を味わうことが苦手になっています。

しかし、感情を抑えたり無視したりすると、「鬱憤《うっぷん》」となって溜《た》まり「発散したい」という思いを誘発。

それで、人との争いが起きてしまうのです。

だから、どんな感情も抑圧しないこと。

そのつど溜まった感情を出していきましょう。

自分の感情を素直に味わう行為は、心の平和や円満な人間関係だけでなく、現実創造にもつながります。

特に、怒りの扱い方は注意が必要です。

当然のことですが、怒りは、人に対してぶつけるものではありません。

怒りは、感じるもの。
きちんと出して発散するものです。

日本では、怒りを抑えている人が多いでしょう。

怒りたいときに怒らないでいると、溜まりに溜まって制御不能になることも。

怒りに飲まれて制御不能になるのは誰でも怖いから、無意識のうちにがまんしているのですが、気づいたときには爆発してしまうので注意しましょう。

ただ、怒り自体は悪いものではありません。

あなたを怒らせる相手がいたら、チャンス。

怒りの下には、願いが隠れていることがよくあるからです。

怒りが湧いてきたら、自分の望む世界はどんなものかを考えてみましょう。

いまの私は、怒りが湧いたら「あぁ、腹が立つ！」と言って、その怒りを出して終わりです。

でも以前は、怒ってはいけないと思っていました。

そして、怒りを抑えつつも、心の中では「この人のせいで怒りが湧くのだ」と相手を責めていました。

しかし、結局すべての現実は自分が作っています。

自分自身で望む世界を創造できる。
そう気づいて、怒りに翻弄されることはなくなりました。

正直な話、怒りを感じる相手は、あなたのことなど意識していません。

誰だって関心があるのは、自分のことだけだから。
だったら、イライラしたり苦しんだりするより、思い切り幸せになる方を選びましょう。それが、相手への一番の〝復讐《ふくしゅう》〟になります。

引き寄せを早めるためのエネルギーを下げない工夫

願いを現実のものにするには、エネルギーを上げることが大事。
エネルギーと現実化の関係を、太陽光発電にたとえて考えてみましょう。

家庭の太陽光発電では消費し切れなかった電力を、電力会社に売るしくみがありますが、余剰電力を貯《た》めておける蓄電器があれば、家に電力を蓄えられます。

電力が「エネルギー」、家が「自分の体」だったとします。

自分を動かすのに必要なだけのエネルギーが体に満ちたら、余ったエネルギーは、「お金」や「願っていた現実」の創造という形で現れます。

つまり、願いをかなえたいと思うなら、

まずは自分自身の中にエネルギーを蓄え、そして〝余らせればいい〟のです。

それには、エネルギーを上げるだけでなく、**エネルギーを「下げない工夫」も欠かせません。**

私たちは、ついよけいなことをしてエネルギーを落としがちです。

たとえば、心配事や人間関係の悩みで、感情に振り回されているとエネルギーは消耗します。

エネルギーの消耗は、体が教えてくれます。

疲れて「もう休みたい」と体がいうときは、エネルギーが下がっているとき。

その声に従ってちゃんと休み、自分の望む食事や環境を与えてあげましょう。

では、エネルギーダウンするのは、どんな行動かピックアップしてみましょう。

人目を気にする

いつも人目を気にして動いていると、エネルギーはどんどん下がっていきます。

いまは、人の顔色をうかがうことが普通になっていて、自分がそんな状態だと気づかず息苦しい人も多いはず。

でも、本来「他人の評価なんて勝手なもの」と割り切れていれば自由に行動できます。

人間関係でいえば、本当に気楽な間柄であれば疲れることもありません。

視線を気にして人間関係が面倒だなと感じたりするときは、他人を気にしすぎているとき。適度な距離を意識しましょう。

がまんする

私たちはふだん、気づかないうちにいろいろな場面でがまんをしています。

自分がどのくらいがまんしているのか、まずは観察してみましょう。

たとえば、こんなことに心当たりはありませんか？

「パートナーや家族に頼りたいのに頼れない」

「休みたいのに休めない」

「食べたいものがあるのに、安いものや間に合わせのものを食べている」

「言いたいことがあるのに黙っている」

「行きたい場所や買いたいものがあるのに、欲求を抑えている」

そうやって、自分にがまんを強いていると、それだけでエネルギーを消耗してしまいます。またはストレス発散で別の行動に出て、貴重なエネルギーを失うことになります。

がまんとは、自分の願いを認めていないということ。

それは、みずからのパワーを抑えていることにもなるのです。

とはいえ、わがままを言ったり好き勝手したりするのを勧めているわけではありません。

ただ、「これいま、やりたい？」「いま、私はどうしたい？」と自分に問いつづけていくことを忘れないようにしましょう。

むやみに焦る

人は、行動していた方が落ち着く生き物。

焦りや不安を感じることを先に終わらせた方が気は楽なので、見切り発車で物事を始めがちです。でも、それは思考の声。

いつやるのか、最適なタイミングを待ちましょう。

体感が「前のめり」になったときがベストタイミング。

早くやることが本当に必要なのかを自分に問いかけ、体感に意識を向ける訓練をすると感覚が鋭くなっていきます。

安心してスッキリした感覚のときは、動くエネルギーが満タンになっているとき。そのときを待って動くことが大切です。

「いま、満タンかな？」と考えているときは、思考が先立っているとき。

思考は、静寂を嫌います。

たとえば「あれをしたらいい」「それをやったらダメ」「こうしたら得」など、いろいろなことを絶え間なく言ってきます。

焦りから抜け出したいなら、そんな思考の声を静めましょう。

静けさを感じる時間を作るのが一番。ですが、それがなかなかできないのが現代人。

焦りからくる思考の声が止まらないときは、自然の中へ。

その他にも、「寝る」「散歩する」「ひたすらボーッとする」「お風呂に入る」など、**物理的にゆっくりできる工夫をしましょう。**

韓ドラを「流し観」するのもおすすめ。

また、早起きしてお茶を飲んだりヨガをしたりと「朝活」するのも有効です。

さらに、**体を動かしたり芸術に触れたりすることで、周波数を切り替える方法もあります。**

ただし、人によってホッとできることやエネルギーが高まる行動は違います。

体調や心の状態によっても、何がベストかは変わってくるもの。

自分自身の感覚を研ぎ澄ませて、そのときどきで自分に合うアクションを選んでいってください。

引き寄せには過去や未来ではなく「いま、ここ」が大切

もしかすると、あなたはいまこう思っているかもしれません。

「いつもエネルギーを落とすようなことばかりやっていた！」

でも、まったく問題ありません。
「いま」から、現実を望む方向に変えていけばいいだけです。
その方法は、これまでたっぷりお伝えしてきましたね。
何より、私たちには強い味方、韓ドラがあります！
これからも韓ドラを楽しみながら、心からの願いを放ってかなえていきましょう。

引き寄せで大切なのは、過去でも未来でもありません。「いま、ここ」だけ。

「いま、ここ」にいるとき、私たちは自由になれます。
いまこのときの体感を意識して、自分とつながっていきましょう。
日々、深呼吸をしてリラックスし、「気持ちいい」「おいしい」「きれい」「楽しい」と、五感を使って感じていきましょう。

「愛の不時着」の最終話で、ジョンヒョクはセリにこんなメールを送ります。

ジョンヒョク　日々の生活にちりばめられている小さな幸せを忘れないで。

毎日、心をざわつかせる出来事が起きるからこそ、身の回りの小さな幸せに気づいていきたいですね。


私たちは、すぐに結果が欲しいと考えます。

ですが、大きな奇跡を起こすには、**日々根気強く願いを発信すること。**

「どうしたい？」と自分に聞いて、**小さな願いをかなえつづけること。**

もし嫌な気分が「10」だったとしたら、「9」になるように、**少しずついい気分になることをやること。**

心がときめいたときに、**ひらめいたことをやりつづけること。**

そして、「いま」、自分がどうしたいのか、それを感じてやってみる。

その30分後に、また「いま」どうしたいのかを感じてやってみる。
そのくらいの感覚で、**小刻みに自分に聞いてあげましょう。**

自分の感覚を繊細に感じていくと、感性が磨かれて、引き寄せの流れに乗れるインスピレーションがどんどん湧いてきます。

発する周波数が高くなるので、日常の中に埋もれている喜びや愛に気づけるようになります。

そして、感謝が湧いてきます。

感謝は、周波数の回転がとても早く、高いエネルギーを放っている感情です。

その周波数の波に乗って願いが力強く宇宙に届けば、やがて現実となり、目の前に現れるでしょう。

時には、願いを超えた奇跡となって。

魔法のように願いをかなえる楽しい毎日が、これからあなたを待っています！

Epilogue

人生はあなたが主役の最高のドラマ！

40代前後にリセット体験が起こり才能は目覚める

最後まで読んでくださり、ありがとうございます。
先日、宇宙から面白いことを聞きました。

じつは、40代以降こそ、「引き寄せ適齢期」なのだそうです。

というのも、多くの人は、**30代後半から40代後半の間に、過去の思い込みやそれまで自分に課してきた制限をリセットするような体験が起こるのだとか。**

そしてその後、本当の才能に目覚めたり、やりたかったことを思い出したりして、新しい生き方を始めるケースが多いのだそうです。

だから、宇宙から見れば、**50代からが人生の本番！**

もしあなたが40代以降だったとしたら、この本との出会いはベストタイミングでした。

思い切り自由に生きて、素晴らしい現実を引き寄せまくってください。

あなたが20代、30代だったら、引き寄せの秘訣《ひけつ》に早くアクセスできたのですから、これからの人生でたくさんの願いをかなえられてラッキーですね！

◎ 起きている現象に振り回されずに自分の世界は作れる

あなたの世界では、あなたが主役であり「神」。

よりよい人生とは、起きている現象に振り回されず、自分で世界を創造できるようになること。

自分が神（創造主）だと実感できるようになること。


神は、あなた自身。外側にいるのではありません。

あなたが神なのですから、人生は思い通りですね。

自分が神であるかどうかは、意識次第。

あなたという「神」は、何を望んでいますか？

その声を、毎日丁寧に聞いていきましょう。

そうすると、人生が好転していきます。

元気になります。

かなえたかった現実がやってきます。

宇宙が教えてくれた引き寄せの法則は、本当にシンプルです。

さあ、いまからあなたが主役の「最高の人生」というドラマが始まります。

韓ドラを味方に、思いっ切り楽しみましょう！

舟見恵香

「夫婦の世界」── 脚本チュ・ヒョン／制作JTBCスタジオ
「私の夫と結婚して」── 脚本シン・ユダム／制作スタジオドラゴン、DK E&M
「製パン王 キム・タック」── 脚本カン・ウンギョン／制作サムファネットワークス
「イルタ・スキャンダル」── 脚本ヤン・ヒスン、ヨ・ウノ／制作tvN、スタジオドラゴン
「涙の女王」
── 脚本パク・ジウン／制作スタジオドラゴン、文化倉庫、ショーランナーズ
「ゴールデンスプーン」── 脚本キム・ウニ、ユン・ウンギョン／制作サムファネットワークス、スタジオN
「冬のソナタ」
── 脚本キム・ウニ、ユン・ウンギョン／制作パンエンターテインメント
「トッケビ」── 脚本 キム・ウンスク／制作ファ&ダムピクチャーズ
「梨泰院クラス」── 脚本チョ・グァンジン／制作SHOWBOX、ZIUM CONTENT、梨泰院クラス文化産業専門会社
「(*)脱出おひとり島」── 制作JTBC（season 1-2）、Shijak Company（season 2-3）
「まぶしくて －私たちの輝く時間－」── 脚本イ・ナムギュ／制作ドラマハウス
「ミセン －未生－」── 脚本チョン・ユンジョン／制作N°3PICTURES
「気象庁の人々：社内恋愛は予測不能?!」
── 脚本ソン・ヨン／制作JTBCスタジオ、エヌピオエンターテインメント
「今日もあなたに太陽を」
── 脚本イ・ナムギュ／制作フィルムモンスターbySLL、キム・ジョンハクプロダクション
「良くも、悪くも、だって母親」
── 脚本ペ・セヨン／制作ドラマハウス、SLL、フィルムモンスター
「天国の階段」
── 脚本パク・ヘギョン、ムン・ヒジョン、キム・ナムヒ／制作ロゴス・フィルム
「寄生獣 －ザ・グレイ－」
── 脚本ヨン・サンホ、リュ・ヨンジェ／制作Climax Studio、WOW POINT

＊ドラマではなく恋愛リアリティーショー。

この本で取り上げた韓国ドラマ

「愛の不時着」
―― 脚本パク・ジウン、リー・ジョンヒヨ／制作スタジオドラゴン、文化倉庫
「星から来たあなた」―― 脚本パク・ジウン／制作HBエンターテインメント
「イカゲーム」―― 脚本ファン・ドンヒョク／制作Siren Pictures Inc.
「今、私たちの学校は…」
―― 原作チュ・ドングン／脚本チョン・ソンイル／制作フィルムモンスター by JTBCスタジオ、キム・ジョンハクプロダクション
「青い海の伝説」―― 脚本パク・ジウン／制作文化倉庫、スタジオドラゴン
「シークレット・ガーデン」―― 脚本キム・ウンスク／制作ファ&ダムピクチャーズ
「ウ・ヨンウ弁護士は天才肌」
―― 脚本ムン・ジウォン／制作A STORY、KTスタジオジニー、浪漫クルー
「ヴィンチェンツォ」―― 脚本パク・ジェボム／制作スタジオドラゴン、LOGOS FILM
「サイコだけど大丈夫」
―― 脚本チョ・ヨン／制作スタジオドラゴン、storytv、ゴールドメダリスト
「キルミー・ヒールミー」―― 脚本チン・スワン／制作パンエンターテインメント
「なぜ、オ・スジェなのか?」―― 脚本キム・ジウン／制作VO Media
「ボラ!デボラ」
―― 脚本アギョン／制作KTスタジオジニー、豊年電波商、OZARENA
「SKYキャッスル」
―― 脚本ユ・ヒョンミ／制作HBエンターテインメント、ドラマハウス
「スタートアップ:夢の扉」
―― 脚本パク・ヘリョン／制作スタジオドラゴン、HI-STORY D&C Inc.
「ザ・グローリー」
―― 脚本キム・ウンスク／制作ファ&ダムピクチャーズ、スタジオドラゴン
「結婚作詞 離婚作曲」
―― 脚本イム・ソンハン／制作チダムメディア、緑ヘビメディア、HIGROUND

舟見恵香（ふなみ・えか）

韓国ドラマ翻訳家。引き寄せ超実践者。

東京都出身。韓国・済州島在住。東京外国語大学卒。

大学在学中、「NHKの翻訳者になる！」と決意。何のコネもなかったにもかかわらず、NHKで放映される「冬のソナタ」の下訳に抜擢。以降、20年以上韓国ドラマの吹き替えと字幕翻訳を続け、「愛の不時着」「ホテリアー」「花より男子」「天国の階段」など訳したドラマは2000話以上。第一次韓流ブームから、第四次韓流ブームまでの、浮き沈みをすべて経験している。2012年から約5年間、仕事のスランプと双子出産・育児の葛藤でうつ状態になり、その改善方法の一環でヒプノセラピーを受けることでスピリチュアル能力が開花。翻訳の仕事をやめようと思い、「最後にいま一番トレンドのNetflixの仕事をしたい！」と願いを放つと、その1週間後に、世界で大旋風を巻き起こした「愛の不時着」の翻訳を運命的に引き寄せた。

現在はNetflix作品を中心に翻訳しながらも、翻訳家養成や現実創造のための講座を主宰している。

ホームページ：https://eka-funami.com

韓国ドラマみたいな「引き寄せ」しよう！

2024年　10月10日　初版印刷
2024年　10月20日　初版発行

著　者　舟見恵香
発行人　黒川精一
発行所　株式会社 サンマーク出版
〒169-0074
東京都新宿区北新宿2-21-1
(電)03-5348-7800
印刷・製本　中央精版印刷株式会社

定価はカバー、帯に表示してあります。
落丁、乱丁本はお取り替えいたします。
ISBN978-4-7631-4157-6　C0095
ホームページ　https://www.sunmark.co.jp